복음에 합당한 **삶**

복음에 합당한 삶

펴낸날	2025년 11월 29일
지은이	임민철
펴낸이	신덕례
편집	권혜영
교열교정	허우주
디자인	토라디자인
펴낸곳	우리시대

경기 고양시 덕양구 마상로 102번길 53
sns F/ woorigeneration
woorigeneration@gmail.com

ISBN	979-11-85972-69-5
set ISBN	979-11-85972-24-4
가격	11,000원

복음에 합당한 삶

"복음에 합당하게 생활하라."

빌립보서 1:27

추천의 글

임민철 박사님은 교회를 세우고 섬기는 목회자로서 바쁘신 중에도 오랫동안 『한그루신문』에 주옥같은 글을 보내주셨습니다. 한그루신문은 임민철 박사님의 복음주의 및 개혁주의 입장에서의 크고 깊은 통찰력을 길라잡이 삼아 어두운 세상으로 대전차의 빛을 전할 수 있었습니다. 박사님의 글은 교회와 세상을 임의로 절연시킨 현대 기독교의 좁은 신학을 기울지 않은 평상 위에 올려놓고 바라볼 수 있는 해석의 영적 혜안을 독자들에게 한껏 제공했습니다. 예수그리스도의 복음을 렌즈로 문화, 학문, 종교, 창조와 진화, 사회적 참사, 한반도 정세, 오염수 문제, 저출생 문제 등 다양한 사회적 이슈들을 해석한 본서는 저자의 가슴 시린 눈물과 지평을 동시에 발견하게 합니다. 교회의 좁은 게토화에서 한 발 벗어나, 사도 바울이 기록한 빌립보서 말씀(1:27)을 근거로 시민의 일상생활에까지 신앙의 범주를 확장시킴으로 칼뱅 신학의 현대적 전수자의 모습을 보이고 있습니다. 시간을 뛰어 넘어 기독교를 기독교로 빛어내는 창조 신학을 현대인의 구미에 맞게 각색하지 않고 4세기 당시 교부들을 닮은 저자의 결기는 AI시대를 살고 있는 현대인들에게 참다운 리더십이 무엇인가를 웅변해 주고 있습니다. 진화론의 신학적 오류를 예리한 글각으로 적시하는 필력은 가히

개혁주의 신학의 용장이라 아니할 수 없습니다. 현재 대한민국의 최고 난제로 꼽히고 있는 저출산 문제를 다루며 신학적 대안을 제시한 저자의 지식과 지혜는 여느 정치인의 실용적 시야보다 세련된 통찰력을 나타냈습니다. 성경과 신학을 기초로 사회문제를 바라보아야 한다는, 다윗의 투석 같은 작지만 묵직한 손짓은 단면에 누워 있는 한국 교회를 긴 잠에서 깨워 복음에 합당한 삶의 문제로 승화시키는 역할을 충분히 했습니다. 사랑하고 존경하는 임민철 박사님의 『복음에 합당한 삶』 출간을 진심으로 축하합니다. 많은 분들이 본 서를 읽고 성경과 신학 및 교회의 넓이와 깊이를 새롭게 정립하는 계기가 될 것을 의심하지 않으며 목회자 및 성도의 필독서로 추천합니다.

송태흔 교수 (개신대학원대학교 조직신학 교수, 엘림교회 담임)

세상에 살지만 세상에 속하지 않은 것이 그리스도인의 정체성입니다. 그래서 세상을 잘 이해하며 해석하고 분별하여 살아가야 합니다. 이것을 세계관이라고 부릅니다. 모든 사람은 다 각자의 세계관을 가지고 있습니다. 그 중에서도 그리스도인들은 같은 세계관을 가지고 있습니다. 바로 성경적 세계관입니다. 성경적 세계관을 가지고 삶의 다양한 자리에서 적용하며 살아갑니다. 이때 좋은 안내자가 있으면 정말 좋습니다. 임민철 목사님의 『복음에 합당한 삶』이 그런 책입니다. 이 시대를 이해하고 분별하며 살아가는 데 길잡이가 될 매우 필요한 알찬 책입니다. 복음으로 시작하여 분별의 과정을 거쳐 적용의 자리인 삶의 실천으로 안내해줍니다. 하나님 나라의 복음에 대한 바른 이해를 시작으로 열어가는 이 책이 혼란스런 시대에 좋은 나침판이 될 것입니다. 임민철 목사님의 다음 책도 기대하면서 기쁨으로 추천합니다.

신동식 목사 (빛과소금교회 담임, 기윤실 공동대표)

이 책은 단순한 글 모음이 아닙니다. 삶 속에서 말씀을 살아낸 한 신앙인의 진솔한 고백이며, 오늘을 살아가는 우리에게 주시는 하나님의 메시지입니다. 저자는 성경을 해석하는 데 그치지 않고, 그 말씀을 실제 삶 속에서 어떻게 적용할 수 있는지를 보여줍니다. 말씀과 삶이 분리되지 않는 신앙의 본질을 이 책을 통해 자연스럽게 느낄 수 있습니다. 특히 상처와 혼란 속에 있는 이들에게 이 책은 따뜻한 위로와 새로운 소망을 전해줍니다. 짧은 문장 속에 깊은 묵상이 스며 있고, 기도로 다듬어진 한 문장 한 문장이 마음을 울립니다. 이 책을 읽는 모든 이가 다시 한번 하나님의 사랑과 은혜를 깨닫게 되기를 소망합니다. 말씀 앞에서 무릎 꿇을 때, 우리의 삶도 새롭게 세워질 것입니다.

김병오 목사 (열매교회 담임, 관서노회 노회장)

임민철 목사님은 삶 자체가 복음이고 거룩이라고 감히 표현하고 싶습니다. 연륜을 쌓아오면서 수많은 목회자들을 접하였지만 가슴 깊이 귀하게 담아온 목사님은 향기나는 꽃입니다. 세상 현실과 가장 가깝게 접하게 되는 목사라는 직. 목마른 교인들은 여러 번 버림을 당해 여섯 남편을 둔 우물가 여인이나 군중들에 둘러싸여 돌에 맞아 죽기 직전의 여인에게 다가가시는 예수님처럼 삶으로 목회하시는 분의 교회를 갈망합니다. 현실 교회와 교인들의 숙제이기도 합니다. 세상 눈으로 보면 잘 보이지 않고, 고급 요리에 맛들이면 진미를 느낄 수 없는 구수한 누룽지 같은 목사님이 늘 그립습니다.

박종서 집사 (시인 겸 수필가, 호산나교회)

복음은 단지 믿음의 선언이 아니라, 살아내야 할 삶의 질서다. 이 책은 복음이 교리에서 삶으로, 신앙이 사유에서 실천으로 이어지는 그 길을 보여준다. 그 길 위에서 우리는 신학과 생활, 믿음과 현실이 분리되지 않는 하나의 진리를 본다. 저자는 시대의 혼란 속에서도 '복음에 합당한 삶'이 무엇인지를 신학과 삶의 언어로 치열하게 증언한다. 이 시대의 교회가 다시 복음의 중심으로 돌아가야 한다면, 그 시작은 아마도 이 책의 한 문장, 한 기도로부터일 것이다. 읽는 이의 마음에 복음의 불씨가 다시 타오르기를 소망하며 이 책을 권한다.

전은호 작가 (유지웍스 대표, 올커뮤니케이션 부사장,
「잠자는 교회디자인을 깨우라」 저자)

임민철 목사님은 따뜻한 목회자입니다. 홀로 사는 술취한 청년의 오피스텔을 방문하여 예배하고, 성경을 건네준 분입니다. 사모님 또한 몸이 불편하여 아무도 가까이 하지 않는 할아버지를 돌보며 바로 옆에 앉아 식사를 함께하는 간호사 같은 분입니다. 목사님은 복음에 탁월한 강해자이시며, 시대를 올바르게 분별하고 이끌려고 몸부림치는 목회자입니다. 물론 일본의 오염수 방류라든지, 통일에 있어서는 견해가 다를 수도 있다고 생각합니다. 그 외 모든 내용에 공감하며, 외우고 싶을 정도입니다. 귀한 책의 출판을 기뻐하면서 모든 평신도와 목회자들에게 필독을 권합니다.

정용민 집사 (SC제일은행 본점 과장)

임민철 목사님의 첫 저술 출간을 축하하고 기쁘게 생각합니다. 임 목사님과 저는 1990년 총신 신대원 입학 후 같은 반우로 처음 만났고, 각기 군복무 후 다시 복학한 후에 졸업도 같이 하게 된 사이입니다. 입학한 후 대화를 통해 로이드 존스를 비롯하여, 당시 젊은 목회자였던 박영선 목사님에 대한 동질적인 관심을 가진 것을 알게 되었고, 덕분에 친구의 고향 교회인 진주성남교회를 방문하기도 했습니다. 졸업 후 각자의 길을 따라 유학과 사역을 하다가 13년 전 제가 모교의 조직신학 교수로 부임하게 되면서 다시 만나 교제할 시간들을 가지게 되었습니다. 섬기는 교회 강단에도 여러 차례 초대받았고, 이러저러한 기회에 교제할 기회가 많았습니다. 본서는 신문에 기고한 글들을 모은 에세이집이자 시대 평론이기도 합니다. 성경과 개혁주의 관점에서 사고하고, 목회하는 목회자의 실천적인 글들이 모여 있습니다. 현실적으로 중요한 저출산 극복의 문제, 오염수 문제, 통일 문제 등도 포함하고 있고, 신학적으로 경계해야 할 신천지 문제나 (유신) 진화론 문제에 대한 임 목사님의 성찰도 포함하고 있습니다. 물론 어떤 부분에서는 서로의 의견이 다를 수가 있음을 인정합니다. 그러나 세상에 살면서 세상에 속하지 않은(in the world but not of the world) 존재로 사유하고 살아가야 하는 그리스도인의 정체성을 본서에서 잘 보여주고 있습니다. 성경적인 사유, 개혁주의적인 교리 적용 등에 관심하는 그리스도인들의 일독을 권합니다.

이상웅 교수 **(총신대학교신학대학원 조직신학 교수)**

'복음'과 그에 합당한 '성도다운 삶'은 거듭난 그리스도인에게는 영원한 기쁨과 부담의 2중주입니다. 둘 사이가 탁월한 조화를 이룰 때 신앙의 감격과 하나님의 영광이라는 빛의 노래가 울려 퍼지지만, 둘 사이에 부조화가 발생할 때 신앙의 갈등과 삶의 외식이라는 어둠의 소음이 울리기 때문입니다. 목회의 동역자요, 신학교 동기인 임민철 목사님이 바쁜 목회 가운데서도 복음으로 읽은 세상 이야기를 책으로 펴낸 것을 축하하고 함께 기뻐합니다. 독자들은 책을 읽는 동안 그리스도인이 세상을 어떻게 바라보아야 하고 또 살아가야 하는지를 저자가 제공하는 해박한 지식과 각종 자료들의 도움을 받아 생각하게 될 것입니다. 복음으로 문화, 학문, 이단, 각종 사회현상, 나아가 통일 문제까지 성도가 세상에서 만나는 삶의 거의 전 영역을 다룬, 내용은 넓고 크지만 두께는 얇은 이 좋은 책의 일독을 기쁘게 권합니다.

김영우 목사 **(혜림교회 담임)**

복음에 합당한 삶이 진정으로 요구되는 시대를 살아가고 있다. 사람들이 기독교로부터 멀어져 갈 때 복음에 합당한 삶을 사는 성도들이 여기저기 세워진다면 초대교회의 역사를 다시 쓸 수 있다고 믿는다. 복음에 합당한 삶을 어떻게 사는지에 대한 방법을 알게 된다면 엘리야의 때처럼 숨겨진 칠천 명의 용사들이 드러나게 될 것이다. 구원만을 위한 복음이라면 구원을 받고 난 후 성도들은 세상에 살기보다는 하나님 나라에 있는 것이 더 큰 축복일 것이다. 그러나 복음이 하나님 나라의 확장을 위함이라면 구원을 받고 난 후에 성도들은 하나님 나라의 확장을 위한 소명을 이루면서 살아야 한다. 복음에 합당한 삶은 복음의 증거와 함께 저출산이나 사회문제를 해결하기 위한 문화변혁의 사명을 직면하고, 예수 그리스도의 죽음과 부활의 증인으로 이단을 분별하면서 사는 삶이다. 또한, 창조 하나님을 믿고 성령님의 능력으로 살아져 가는 삶과 대한민국의 특수한 상황으로 주어진 복음 통일의 삶을 감당하여야 한다고 저자는 말한다.

진영정 목사 **(푸른초장교회 담임, 대신대학교 상담학 교수)**

임민철 목사는 복음의 본질을 잃어버리기 쉬운 시대 속에서 성도가 성경적 복음에 근거하여 문화와 학문, 그리고 생활방식으로 세상에 선한 영향력을 끼치는 길을 또렷하게 일깨워 준다.

성경적 복음은 예수 그리스도의 죽음과 부활을 중심으로 구원과 하나님 나라를 이해하는데서 출발하며 더 나아가 세상의 문화를 변혁시키는 잠재력과 원동력이고 그것은 삶의 다양한 문제들에 대안을 제시하기에 이 책은 성도가 세상 가운데 어떻게 서야 하는지 안내하는 견고한 신학적 나침반이다. 특히 복음의 깊이를 잃지 않으면서도 현실의 문제들을 정면으로 받아내려는 저자의 태도는 독자에게 신앙의 실천성을 다시 생각하게 한다.

본문을 따라가다 보면 복음이 머리의 지식이 아니라 삶 전체를 재구성하는 능력임을 깨닫게 되고, 하나님 나라 백성의 정체성이 얼마나 견고한지 확인하게 된다.

성경과 모든 삶의 영역을 연결하는 이 책이 많은 성도들에게 믿음의 방향을 재정비하고 복음에 합당한 삶을 회복하는 은혜의 통로가 될 뿐만 아니라 이제 기독교에 관심을 가지는 비 신자들에게 합리적 고민과 해결을 제시하게 되기를 간절히 기도한다.

장석조 교수 (**서울성경신학대학원대학교 신약신학 교수**)

들어가는 말

"복음에 합당하게 생활하라."(빌립보서 1:27)

"복음에 합당하게 생활하라"라는 명령은 기독교 신앙의 대전제와 같다. 여기서 **"생활하다"**(πολιτεύω; 폴리튜오)라는 말은 **"도시(폴리스)의 시민답게 살다"**라는 의미였다. 즉 **"로마 시민답게 살라"**는 것이다. 바울이 이 서신을 보낸 빌립보는 퇴역 장성들과 군인들에게 로마 시민권을 주어 살게 한 곳이며, **"작은 로마"**로 불릴 정도로 로마에 대한 충성심이 대단했다. 이런 도시 분위기는 성도들과 충돌할 수밖에 없었다. 성도는 로마 황제가 아닌 예수님을 왕으로 삼았기 때문이다.

로마 시민으로서 빌립보 시민의 자존심이 이것을 용납할 수 없었고, 그 때문에 성도들은 물리적, 관계적, 경제적 어려움을 겪는 상황이었다. 그런 환경에서 바울은 성도들에게 **"하늘 시민답게 살라"**고 권면한 것이다. 성도는 이 땅에 살지만, 하늘 시민권자로 살기 때문이다. 빌립보 사람들이 로마에서 멀리 떨어져 있었지만 로마 시민답게 살아야 하듯, 성도는 이 땅에서 하늘 시민답게 살아가도록 부름받았다.

따라서 성도는 이 땅에서 이중 정체성을 가진다. 즉 하나님 나라 백성이면서 세상 도시민으로 살아가는 것이다. 이에 바울은 성도들이 세상 속 그리스도인으로 어떻게 살 것인지를 제시한다. 한마디로 '복음에 합당한 삶'이다. 복음으로 말미암아 하늘 시민이 된 성도들은 그리스도의 복음이 기준이 되어 살아야 한다. 복음의 원리를 따라 살아야 한다. 복음은 모든 성도 안에 거룩한 정체성을 부여하고, 그에 어울리는 생각과 삶의 방식을 요구한다.

정체성의 확인에서 변화는 시작된다. 복음으로 자신을 점검하고, 세상을 분별하며 살라는 것이다. 분별에는 기준이 필요하다. 기준은 복음이다. 세상의 원리나 소리가 아니다. 힘의 논리가 지배하는 세상 속에서 복음의 원리와 하늘 시민으로서의 긍지와 책임을 가지고 살라는 것이다. 즉 복음으로 분별하는 사랑의 삶이다.

이 책에 수록된 글들은 주로 『한그루신문』 사회면에 실렸던 내용들이다. 또한 평소 관심을 가지고 연구한 분야의 글들을 추가하였다. 성경적 세계관을 기초로 정치, 경제, 사회, 문화, 신앙 등의 분야에 대한 통찰을 담고 있는 『한그루신문』의 발간을 위해 함께 섬길 수 있도록 제의해 주신 송태흔 교수님께 감사를 드린다.

아내의 애정 어린 관심과 기도와 지원이 없었다면 이 책은 나오지 못했을 것이다. 늘 힘이 되어준 우리 집 돌핀이(엔돌핀) 아들 홍기, 두 타민이(비타민) 딸 홍주와 명주에게도 진심으로 고마움을 전한다. 특히 지극히 약한 종의 사역을 위해 새벽이고 밤이고 주님께 간구하시는 어머니, 장인어른과 장모님의 기도의 힘이 가장 컸다. 그리고 부족한 종에게 아낌없는 성원을 베풀어주신 고양예심교회, 화정충현교회 성도님들께 감사를 드린다. 또한 치유받고, 전도중심교회를 세우고, 부흥을 꿈꿀 수 있게 한 예심선교회와 나의 멘토 김기남 대표 목사님께 진심으로 감사드린다. 이 책이 세상 속 하나님 나라 시민으로 살아가는 성도들의 믿음의 여정에 길잡이가 되고, 삶의 의미를 찾고 있는 사람들이 빛 되신 구주 예수님을 발견하는 데 조금이라도 도움이 되었으면 좋겠다.

2025년 10월

임민철

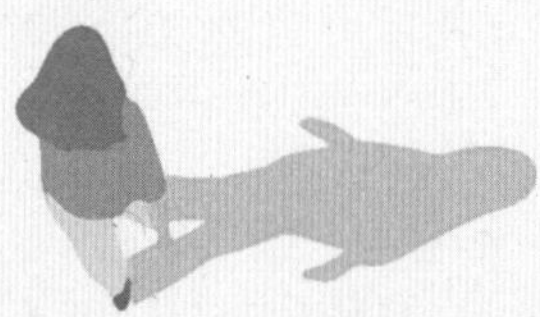

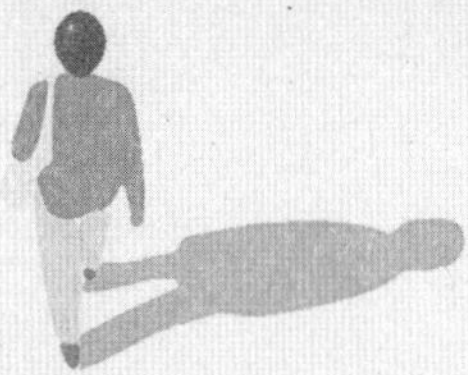

1부

복음에 관하여

"복음에 합당하게 생활하라."

빌립보서 1:27

1

복음이란 무엇인가?

1.
복음이란 무엇인가?

복음이란 무엇인가? 이는 성도들에게 가장 중요한 질문이 될 것이다. 또한 세상을 위해서도 가장 중요한 질문이 될 것이다. 복음으로 인하여 우리가 구원을 얻고, 또한 그 구원으로 인하여 우리가 이 땅에서 하나님 나라 백성으로 살아가기 때문이다.

그러면 복음이란 무엇인가? 복음은 한마디로, 예수 그리스도의 죽음과 부활로 말미암는 하나님의 구원 이야기이다. 복음의 핵심은 예수 그리스도다. 그래서 복음은 예수님의 복음이다. 더 구체적으로는 예수님의 십자가와 부활의 복음이다. 즉 복음은 오직 예수님으로 말미암는 것이므로 은혜의 복음이다. 이를 다른 말로 표현하면, 이신칭의의 복음이다. 즉 예수 믿음으로 의롭다함을 얻는 구원의 복음이다. 그러므로 복음은 구원의 기쁜 소식이다. 또한 이 복음의 조성자가 하나님이시므로, 복음은 하나님의 구원 이야기,

즉 하나님의 복음이다.

팀 켈러는 복음 이해의 중요성을 말하면서, 복음이 모든 것을 변화시킨다고 하였다. 그러면서 그는 복음은 단순성을 가지면서도 복합성을 가진다고 설명한다. 즉 성경에는 단 하나의 복음이 있지만, 그것을 이해하는 방식에는 대표적으로 두 가지가 있다는 것이다.[1] 성경이 복음을 그런 방식들로 표현하고 있기 때문이다. 팀 켈러는 복음을 설명하는 두 방식으로, 개인을 구원하는 복음이 있고, 세상을 구원하는 복음이 있다고 하였다. 하나의 은혜의 복음 안에 두 양상, 개인 구원의 복음과 세상 구원의 복음이 있다는 것이다. 나는 이를 요약하여, 좁은 의미의 복음이 있고 넓은 의미의 복음이 있다고 말하고 싶다. 복음을 다시 정의하면, 복음은 좁은 의미로 구원의 복음이고, 복음은 넓은 의미로 하나님 나라의 복음이다.

구원의 복음

먼저, 좁은 의미에서 복음은 구원의 복음이다. 복음, 곧 **"유앙겔리온"**의 뜻은 '기쁜 소식, 좋은 소식'이다. 복음이 기쁜 소식인 이유는 구원의 복음이기 때문이다. 일반적으로 구원은 위험에서 구출되는 것을 말한다. 성경은 구원에 대하여 보다 근원적인 위험으로부터의 구출을 말한다. 즉 영혼의 구원이다. 인생 최대의 문제는 죄와 죽음의 문제다. 죄로 말미암아 죽음이 왔다. 이것을 해결하는 것이 바로 구원이다. 따라서 구원은 인간의 영혼이 죄사함을 받고 의롭게 되는 것을 말한다.

그런데 이것이 어떻게 가능한가? 타락한 인간 스스로는 이것을 해결할 수 없다. 따라서 죄와 사망의 문제를 가진 인간에게는 구원자가 필요하다. 그러므로 구원자는 구원자로서의 자격이 있어야 하는데, 죄 없는 인간만이 죄인인 인간을 구원할 수 있다. 그분이 바로 예수 그리스도다. 예수님은 이 땅에 동정녀 마리아를 통해 인간의 몸을 입고 오신 하나님의 아들이다. 그는 죄 없이 사신 일생을 보여주셨다. 그리고 우리 죄를 위하여 십자가에서 죽으시고 삼일 만에 부활하셨다. 십자가는 놀라운 전환이다. 나의 죄는 예수님께 전가되었고, 예수님의 의는 나에게 전가되었다. 예수님께서 우리 죄를 대신하여 죽으심으로 죄 사함을 받게 되었다. 죄의 문제를 해결하므로 사망의 문제에서 벗어나게 되었다. 사망에서 벗어나 영생을 얻게 되었다. 따라서 예수님만이 유일한 구원자이시다.

인간의 본질적인 죄는 하나님 중심성을 잃은 뒤틀린 마음이다. 하나님을 떠난 이 죄로부터 모든 문제가 오는 것이다. 따라서 죄의 본질은 자기중심성이다. 김세윤은 이를 **"자기 주장하려는 의지"**라고 하였다. 그 죄로부터 자기 결핍과 죽음이 왔다. 그러므로 죄와 죽음으로부터의 구출이 구원이다. 따라서 구원은 오직 예수 그리스도의 대속적 죽음을 통해서만 이뤄진다. 은혜의 복음이다. 그래서 팀 켈러는 복음이 은혜에 의한 구원을 전해주는 좋은 소식이라고 하였다.

그러면 우리가 어떻게 해야 구원을 받을 수 있을까? 이에 대하여 팀 켈러는 개인을 구원하기 위한 복음으로 답한다. 그 대답은 네 가지 주제적 구조를 가지는데, 하나님, 죄, 그리스도, 믿음이다.[2] 이는 성경 전체를 요약한 것으로, 구원의 복음은 구약의 복음이며, 또한 신약의 복음이다. 구원의 복음에서 핵심은 그리스도의 오심과 죽음과 부활이다. 구약은 오실 예수님에 대해서 말하고, 신약은 오신 예수님에 대해서 말한다. 예수 그리스도가 이 땅에 오심으로 그가 인간의 형상을 입으셨다. 그리고 인간의 죄를 위하여 죽으시고 부활하셨다. 그리하여 인간은 예수님을 말미암아 구원을 얻게 되었다. 그의 죽으심으로 말미암아 우리가 죄사함을 얻고, 그의 부활로 말미암아 우리가 생명을 얻게 되었다.

그런데 우리가 받은 생명은 아담적 생명이 아니라 영생이다. 죄사함을 통해 얻는 생명은 아담으로의 회복이 아니다. 아담적 존재가 되었다면 우리는 다시 의를 이루어 영생을 얻어야 한다. 하지만 신자는 아담적 존재로의 구원이 아니라, 의롭다함을 얻는 구원을 받으므로, 신자는 이미 영생을 받은 것이다. 그래서 복음이다. 이 신칭의의 복음, 즉 믿음으로 의롭다함을 받는 복음이다. 오직 믿음으로 된다는 말은 믿음이 조건이라는 뜻이 아니라, 도리어 조건이 없다는 뜻이다. 믿음에서 중요한 것은 믿는 행위가 아니라, 믿는 대상이다. 믿음은 예수를 믿는 믿음이다. 예수를 믿는 믿음으로 의롭다함을 받는 것이다. 즉 은혜로 의롭다함을 받는 것이 바로 복음이다.

"다른 이로써는 구원을 받을 수 없나니 천하 사람 중에 구원을 받을 만한 다른 이름을 우리에게 주신 일이 없음이라 하였더라."(사도행전 4:12) 죄인을 위해 이 땅에 오셔서, 의를 행하시고, 죽으시고 부활하신 예수님을 믿는 자들은 구원을 받는다. 이것이 복음이다. 그래서 기쁜 소식이다. 먼저 영혼의 구원이다. 영혼의 구원을 통해 우리는 이미 구원을 받았고, 회복된 영혼은 우리의 전인격에 영향을 미치며, 또한 마지막 날에 우리는 우리의 육체까지도 변화되어 완전한 구원을 얻게 될 것이다.

하나님 나라의 복음

다음으로, 넓은 의미에서 복음은 하나님 나라의 복음이다. 예수님의 가르침의 중심 주제는 하나님 나라다. 사실 하나님 나라는 신약의 중심 주제일 뿐 아니라, 성경 전체의 중심 주제이다. 구약은 메시아를 약속하신 것이고, 약속한 메시아가 이 땅에 오심으로 하나님 나라가 성취되었다는 것이 신약이다. 구약이 약속한 메시아, 곧 그리스도가 이 땅에 오셔서 하나님 나라가 성취되었다. 이것이 복음이다. 하나님의 창조에는 목적이 있었다. 창조의 목적이 바로 하나님의 나라다. 하나님은 이를 위해 인간을 하나님의 형상으로 창조하셨다. 그리하여 하나님은 인간을 세상을 위한 대리 통치자로 세우셨다. 그런데 인간이 주권자가 정하신 법에 불순종하여 범죄함으로 타락하게 되었다. 타락의 결과로 죽음이 왔고, 이 땅도 왜곡된 상태가 되었다.

하지만 하나님은 인간을 죽도록 내버려두지 않으시고, 살리기로 작정하셨다. 즉 하나님 나라를 이루시려는 계획을 취소하지 않으셨고, 이를 계속 이뤄가신다. 결국 그리스도를 보내심으로 구속 사역을 이루시사 이 땅에 하나님 나라를 성취하셨다. 왕이신 예수님이 이 땅에 오심으로 하나님 나라가 성취되었으며, 이를 선포하는 것이 바로 복음이다. 그래서 하나님 나라의 복음이다. 예수님에 의해 하나님 나라가 도래했으므로 이제 하나님 나라의 백성을 부를 수 있게 되었다. 하나님 나라의 초대에 응답하여 하나님 나라에 들어와 하나님 나라 백성 된 자들이 바로 신자들이다.

그러면 이 세상에 어떤 소망이 있는가? 이에 대해서 팀 켈러는 세상을 구원하는 복음으로 답한다. 바로 하나님 나라의 복음이다. 하나님 나라의 복음은 네 가지 이야기 구조를 가지는데, 창조, 타락, 구속, 회복이다.[3] 이는 성경 이야기 전체를 말하는 것으로, 구속사를 따라 전개된다. 약속된 그리스도가 오심으로 하나님 나라가 도래하였다. 따라서 이제 하나님 나라는 종말론적 성격을 가진다. 하나님의 나라가 이미 임했으나, 아직 완성은 아니라는 것이다. 신자는 이미 임한 하나님 나라에 들어가 그 나라의 백성이 되었지만, 하나님 나라의 완성은 재림 시에 이뤄짐으로 완전한 구원은 그날에 경험하게 될 것이다.

하나님 나라가 이 땅에 이미 임하였으므로, 예수님께서 이 땅에 오신 이후 시대는 하나님 나라와 세상 나라가 중첩되는 시대다. 역사는 장래에 반드시 하나님 나라가 완성되는, 즉 오는 시대를 맞이하게 될 것이다. 그런데 하나님 나라는 이미 임했으므로, 성도는 지금 시대를 살면서도, 오는 시대의 백성으로 산다. 이것이 바로 성도가 역사를 바라보는 관점이고, 이 시대를 살아가는 태도이다.

그러면 하나님의 나라란 무엇인가? 국가를 구성하는 3요소는 영토 · 백성 · 주권이다. 여기서 제일 중요한 것은 주권이다. 일제강점기에 우리가 영토와 백성은 있었지만 나라 잃은 슬픔을 겪은 이유는 주권, 즉 통치권을 빼앗겼기 때문이다. 그러므로 하나님 나라의 주된 의미는 하나님의 통치다. 그러므로 신자는 이제 사탄의 통치를 벗어나 하나님의 통치를 받게 된 자로서, 사탄의 나라에서 나와 하나님 나라로 옮겨져서 하나님 나라를 소유하고 하나님 나라 백성이 되었다. 신자는 이 땅에서 하나님 나라의 구원을 받아 생명과 자유와 안식을 얻게 되었다. 또한 하나님의 통치를 받고 그것에 순종함으로 이 땅에 하나님 나라를 이루는 자가 되었다. 즉 이 땅에 임한 하나님 나라의 왕이신 예수님의 통치에 동참하는 자가 된 것이다. 이제 신자는 하나님 나라를 소유한 자일뿐 아니라 하나님 나라를 위해 일하는 자가 된 것이다. 성도가 하나님의 통치에 순종하여 하나님 나라를 위해 일할 때마다, 그곳에 하나님의 나라가 임하고 그 나라는 확장된다. 성도는 이미 하나님 나라 백성이 되었다. 그리하여 하나님 나라를 위해 일할 자유와 권세를 얻었다. 그러므로 영혼 구원과 하나님의 영광을 위한 일에 적극적으로 동참하라. 성도는 왕의 통치를 배우고 동참할 때, 더욱더 하나님의 나라를 누리게 된다.

"수고하고 무거운 짐 진 자들아 다 내게로 오라 내가 너희를 쉬게 하리라 나는 마음이 온유하고 겸손하니 나의 멍에를 메고 내게 배우라 그리하면 너희 마음이 쉼을 얻으리니 이는 내 멍에는 쉽고 내 짐은 가벼움이라 하시니라."(마태복음 11:28-30)

교회는 이 땅에 임한 하나님 나라의 전초기지다. 성도는 하나님 나라 백성으로서, 하나님의 대리 통치자로 다시 회복되었다. 이 땅에서 임한 하나님 나라는 성도를 통해서 확장된다. 따라서 성도는 하나님 나라 백성으로 회복의 은혜를 누릴 뿐 아니라, 이 땅에서 하나님 나라를 구현하는 자로 산다. 이것이 바로 구원의 복음이 하나님 나라의 구원과 연결되어야 하는 이유이다. 즉 우리가 받은 구원은 개인적인 변화로 끝나서는 안 되며, 반드시 세상의 회복으로 이어져야 한다.

구원자요 왕이신 예수님

하지만 복음의 두 가지 양상에서도 우선성이 있다. 세상을 구원하는 복음은 개인을 구원하는 복음의 반석 위에 세워져야 한다. 이 반석이 없다면 세상을 구원하는 복음은 홀로 복음으로 세워질 수 없다.[4] 죄인들에게 하나님의 구원의 은혜를 받는 길을 가르쳐 주지 않고, 단지 하나님의 회복을 선포하는 것은 복음을 전하는 것이 아니기 때문이다. 사실 이는 복된 소식이 아니라 나쁜 소식이 될 것이다. 왜냐하면 복음을 듣는 자들이 하나님 나라의 회복이 있다는 사실은 알았지만, 정작 자신이 회개와 믿음으로 하나님 나라의 상속자가 되는 방법을 모르기 때문이다.

하지만 구원의 복음과 하나님 나라 복음은 긴밀하게 연결되어 있는 하나의 복음이다. 구원받는 자는 반드시 하나님 나라의 회복 사역에 대한 소명에 충실해야 하기 때문이다. 예수님은 구원자이면서 또한 주님이시다. 주님은 주권자, 즉 왕을 의미한다. 참된 왕은 힘으로 통치하는 왕이 아니라, 섬김으로 통치하는 왕이다. 자신을 대속물로 내어줌으로 우리를 구원하는 왕이다. 참된 왕은 예수님밖에 없다. 참된 왕 예수님이 오심으로 우리가 구원을 받았다. 그리고 구원받은 신자는 예수님을 왕으로 고백하는 자로서, 이제 왕의 통치에 순종하고 충성하는 자가 되어야 한다.

스캇 맥나이트는 복음을 '예수 왕의 복음'이라고 하였다.[5] 예수가 그리스도, 즉 왕이시고, 예수 왕이 오심으로 하나님 나라가 성취되었기 때문이다. 그러므로 복음은 구원자 예수님의 복음일 뿐 아니라, 왕이신 예수님의 복음이다. 왕이 오셨으니 하나님 나라가 임한 것이다. 따라서 왕이신 예수님이 오심으로 이 땅에 이뤄진 하나님 나라가 복음이다.

복음이라는 단어, '유앙겔리온'(εὐαγγέλιον)은 당시 로마 세계의 시대적 배경 속에서 중요한 용어다. 로마 황제가 가져온 구원 메시지와 하나님의 아들 예수님이 가져온 구원 메시지가 대조된다. 1세기 당시 '복음'과 '신의 아들'이라는 말은 로마 황제와 밀접한 관련이 있다. 황제의 등극과 승전을 복음으로 선포했고, 그 황제는 신의 아들로 칭송받았다. 하지만 복음서 저자들은, 신의 아들인 황제가 곧 복음인 로마 세계에, 예수님이 하나님의 아들이며 복음이라고 선포한 것이다. **"하나님의 아들 예수 그리스도의 복음의 시작이라."**(마가복음 1:1) 그러므로 우리는 예수님만이 하나님의 아들이며, 예수 그리스도의 오심으로 하나님 나라가 성취되어, 구원의 새 시대가 도래했음을 복음으로 전하는 것이다. 다른 복음은 없다. 예수가 그리스도요, 그러므로 그분만이 구원자요 왕이시라는 사실이 복음이다. 예수님을 통해 하나님 나라가 임했고, 그리하여 그 나라의 구원을 받는다는 소식이 복음이다.

예수님의 복음 선포와 사도들의 복음 선포

한편, 김세윤은 예수님은 하나님 나라를 복음으로 선포한 반면에, 사도들은 왜 예수님의 죽음과 부활을 복음으로 선포했는지를 풀어가는 과정을 통해 복음의 의미를 설명한다. **"이르시되 때가 찼고 하나님의 나라가 가까이 왔으니 회개하고 복음을 믿으라 하시더라."**(마가복음 1:15) 이것이 바로 마가가 요약한 예수님의 복음, 즉 하나님 나라의 복음이다.

김홍전은 복음 선포의 구절들 중 고린도전서 15:3-8을 대표적인 구절로 제시한다.[6] **"내가 받은 것을 먼저 너희에게 전하였노니 이는 성경대로 그리스도께서 우리 죄를 위하여 죽으시고 장사 지낸 바 되셨다가 성경대로 사흘 만에 다시 살아나사 게바에게 보이시고 후에 열두 제자에게와 그 후에 오백여 형제에게 일시에 보이셨나니 그 중에 지금까지 대다수는 살아 있고 어떤 사람은 잠들었으며 그 후에 야고보에게 보**

이셨으며 그 후에 모든 사도에게와 맨 나중에 만삭되지 못하여 난 자 같은 내게도 보이셨느니라." 복음을 네 마디로 요약하면, 우리 죄를 위한 예수님의 죽음, 장사, 부활, 제자들에게 나타나심 등이다. 바울은 이것이 자신이 전한 복음이라고 하면서, 이 복음을 받고 믿어 그 복음이 제공하는 구원을 얻은 것이라고 설명한다.(고린도전서 15:1-2)

그러면 예수님의 하나님 나라의 복음과 사도들의 예수님의 죽음과 부활의 복음이 어떤 관계가 있는 것일까? 김세윤은 다음과 같이 의미 있게 진술하였다. "간단하게 말하자면, 예수의 하나님 나라 선포와 그의 죽음은 약속과 성취의 관계에 있다는 것이다. 예수의 하나님 나라 선포는 우리에게 '사탄의 통치로부터 해방된 하나님의 백성으로 만들어 주겠다. 그리하여 하나님의 아빠 노릇해 주심을 덕 입어 살게 해 주겠다. 그의 신적 생명(영생)을 얻을 수 있게 해 주겠다'는 약속이고, 그런 복을 받으라는 초대였다. 그의 죽음은 이 초대에 응하는 사람에게 이 약속을 성취하여 그들이 실제로 하나님의 의로운 백성이 되게 하는 속죄와 새 언약의 제사였던 것이다. 그러므로 예수는 그의 하나님 나라의 선포로 약속한 바를 그의 죽음으로 성취해주려 한 것이다. 이렇게 하나님 나라 선포와 자신의 죽음의 두 단계를 통하여 예수는 하나님의 통치를 받는 하나님의 백성을 창조하고 모으려 한 것입니다."[7)]

사도들은 예수님의 죽음과 부활이 하나님 나라를 성취하고 구원받는 백성을 만들었기 때문에 성취의 관점에서 복음을 전했고, 그래서 예수님의 죽음과 부활의 복음을 강조한 것이다. 예수님의 죽음과 부활의 결과가 하나님 나라였던 것이다. 그러므로 사도들이 선포한 예수의 죽음과 부활의 복음이 바로 예수가 전한 하나님 나라의 복음인 것이다.

은혜의 복음

결론적으로, 복음은 예수 그리스도로 말미암은 은혜의 복음이다. 그것은 구체적으로 구원자 예수님을 통한 구원의 복음이며, 또한 왕이신 예수님을 통한 하나님 나라의 복음이다. 따라서 기독론적으로 복음은 예수님의 죽음과 부활의 복음이고, 구원론적으로 복음은 구원의 복음이고, 종말론적으로 복음은 하나님 나라 복음이다. 예수님만이 오늘 우리에게 참된 구원을 주시는 참된 왕이시다.

구교형은 '오늘날 심각한 현상은 예수 그리스도의 십자가 복음과 하나님 나라 복음이 서로 다른 것처럼 대립하는 것'이라고 하였다.[8] 또한 팀 켈러는 계속 강조하기를 칭의가 복음이고 성화는 복음의 결과라고 말한다. 즉 구원받은 성도에게는 반드시 성화, 즉 하나님 나라 통치에 순종하는 삶이 반드시 드러나야 한다는 것이다. 그러므로 분명한 것은 영혼을 살리는 은혜의 복음으로 죄사함과 의롭다함을 받아 영생을 얻고 회복된 자로서, 우리는 구원자요, 왕이신 예수님의 통치에 순종하는 자로서의 삶을 살아야 한다. 성도는 하나님의 나라를 이 땅에 구현하는 자이다. 따라서 성도는 죽어서만 가는 천국이 아니라 이 땅에서 구원의 은혜를 누리므로 천국을 실감하는 자가 되어야 할 뿐 아니라, 이 땅에 하나님 나라를 심고, 하나님 나라 확장하는 자로 살아야 한다.

복음은 은혜다. 복음이 전부다. 복음이 모든 것을 변화시킨다. 예수 그리스도로 말미암아 구원받은 은혜를 누리고, 또한 이 복음을 자랑할 수 있어서, 하나님 나라 가치를 따라 살아가고, 그리하여 이 땅을 향한 회복의 사명을 가지고 하나님 나라를 구현하는 자로 살아가는 우리 모두가 되기를 소망한다.

2

부활의 확실성

2.
부활의 확실성

당신은 부활을 믿는가? 기독교 신앙도 반대하는데, 웬 뜬금없는 부활 이야기냐고 말할 수 있을 것이다. 그러나 부활이 사실이라면 이야기가 달라진다. 우리가 예수님이 가르치신 산상수훈의 말씀들을 좋아하고, 약한 자를 품으신 그의 사랑에 감동을 받아, 그를 위대한 성인으로 존경할 수 있다. 그러나 이것은 예수님이 하신 일 중 극히 일부다. 예수님께서 십자가를 통해 우리의 죄를 사해주셨다는 것이 사실이라면 이야기는 달라진다. 왜냐하면 이것은 하나님만이 할 수 있는 일이기 때문이다. 예수님은 자신이 하나님의 아들이요, 육신이 되신 하나님이라고 말씀하셨다.

영국의 유명한 작가 C. S. 루이스는 그의 책 『순전한 기독교』에서 예수님에 대하여 이렇게 말한다. "우리는 두려운 양자택일의 갈림길에 직면해 있습니다. 우리가 지금 이야기하고 있는 이 사람은 그 자신의 주장대로 하나님이거나(따라서 지금도 하나님이거나), 아니면 미치광이 내지는 그보다 더 못한 자였을 것입니다. 그런데 제가 보기에는 미치광이 악마는 아닌 것이 분명합니다. 따라서 정말 이상하고 경악스러우며 있을 법하지 않은 일이긴 해도, 그가 하나님이었고 지금도 하나님이라는 입장을 받아들이지 않을 수 없습니다. 저는 하나님이 인간의 모습으로 적에게 점령당한 이 세상에 오셨다는 사실을 받아들입니다."[9] 기독교 신앙의 핵심은 예수님의 죽음과 부활이다. 영원한 생명은 모든 사람들의 소망이다. 죽음 이후에 다시 살 수 있는 것은 최고의 복이다. 이 세상의 그 무엇과 비교할 수 없는 최고의 가치다. 중요한 것은 부활의 증거가 너무나 분명하다는 것이다. 성경 마태복음의 마지막 장은 예수님의 부활에 대하여 소개하고 있는데, 특히 부활의 확실성에 초점을 두고 묘사한다.

첫째, 빈 무덤이다. 안식일 후 첫날 새벽에 두 여인이 예수님의 시신에 향품을 바르려고 갔다가 놀라운 일을 보게 된다. 큰 지진과 함께 천사가 등장하여 무덤을 막은 큰 돌문을 굴려내고 그 위에 앉는다. 천사는 여인들을 진정시키며, **"무서워하지 말라 십자가에 못 박히신 예수를 너희가 찾는 줄을 내가 아노라 그가 여기 계시지 않고 그가 말씀하시던 대로 살아나셨느니라 와서 그가 누우셨던 곳을 보라."**라고 말한다.(마태복음 28:5-6) 여인들에게 빈 무덤을 보여줌으로써 예수님의 죽음의 실재는 이제 부활의 실재가 된다. 예수님을 죽음에 가

둔 증거였던 무덤이 이제는 부활의 증거가 된다.

많은 종교들은 자신들의 종교 창시자의 무덤을 성지로 꾸며놓고 그것을 자랑한다. 그런데 무덤이 어떻게 자랑거리가 될 수 있는가? 자신의 생명조차 지킬 수 없는 존재가 어떻게 다른 사람을 구원할 수 있겠는가? 그들이 어떻게 믿음의 대상이 될 수 있겠는가? 죽음은 죄인인 인간의 실존이다. 하지만 예수님의 무덤은 빈 무덤이다. 그래서 기독교는 빈 무덤을 자랑한다.

둘째, 부활의 증인들이다. 두 여인은 부활의 소식을 전하러 제자들에게 달려간다. 바로 그때 여인들이 부활하신 예수님을 만난다. 예수님께서는 "평안하냐"고 물으셨고, 여인들은 즉시 무릎을 꿇고 예수님의 발을 붙잡는다. 유령 또는 영혼의 부활이 아닌 몸의 부활을 생생하게 확인한 것이다. 이제 여인들은 빈 무덤보다 더 큰 놀라움에 사로잡힌다. 두 여인은 부활하신 예수님의 첫 번째 증인이 되었고, 그 후에 예수님은 갈릴리의 약속의 산에서 제자들을 만난다. 성경은 예수님께서 부활하신 후, 11번 제자들에게 실제로 나타나셨음을 기록한다. 바울은 이를 요약하기를, '게바와 열두 제자와, 그 후에 오백여 형제에게 일시에 보이시고, 야고보와 맨 나중에 만삭되지 못하여 난 자 같은 자신에게도 보이셨다'고 하였다.(고린도전서 15:5-8)

예수님의 부활을 목격한 증인은 첫 두 여인뿐 아니라, 수십 수

백 명이 있었다. 제자들이 환상을 보았다고 주장하기에는 부활의 증인들이 너무 많은 것이다. 거짓 소문을 피운 것이라면, 사자 밥이 되는 죽음의 자리에서 어떻게 부활의 소식을 끝까지 주장할 수 있겠는가? 거짓을 지키기 위해 목숨을 바치는 것은 있을 수 없는 일이다. 역사에서 많은 사람들이 부활이 허구임을 증명하려고 시도하다가, 도리어 부활의 증거만 더 드러나게 되어 결국 부활을 고백하는 자들이 되었다. 불후의 명화 〈벤허〉의 원작 작가, 루 월리스가 그 대표적인 경우다. 아무리 기독교 신앙을 거부하려 해도, 예수님의 부활 사건은 덮을 수가 없고, 또한 부인할 수가 없다.

셋째, 계속된 증인들이다. 제자들은 그들이 처음 부름받았던 갈릴리로 다시 돌아가 부활의 예수님을 만났고, 이제 부활의 예수님과 새롭게 출발하는 예수 공동체의 위대한 행진이 시작된다. 갈릴리로부터 시작된 하늘나라 공동체는 초대교회를 세웠고, 유럽과 미국과 아시아 교회를 세웠고, 땅끝까지 이르러 오늘 한국 교회를 세웠다. 그리하여 수많은 사람들이 오랜 세월에 걸쳐 부활하신 예수님을 경험했다. 피부색과 민족이 다르고, 경제적 사회적 배경이 다르지만, 그리스도인들은 부활하신 예수 그리스도라는 공통의 경험으로 결속되어 있다.

바울은 그리스도인들을 핍박하러 다메섹으로 가던 도중에 강한 빛과 음성 가운데 예수님이 찾아오심으로 그를 만나 변화되었고,

자신도 부활의 증인이 된다. 바울에게 일어난 일은 모든 그리스도인들에게 일어난 일이다. 부활하시고 살아 계신 예수님께서 그들에게도 찾아오셨다. 그리하여 그들의 눈이 열렸고, 귀가 열려 주님을 만나게 되었다. 그러므로 이제는 수많은 그리스도인들이 또 다른 증인이다. 계속된 증인이다. 나 역시 예수님을 만난 후, 죽으시고 부활하신 예수님과 실제적인 관계를 경험하고 있다. 당신도 구원자 예수님을 진지하게 생각하고 믿음으로, 부활의 증인과 주인공이 될 수 있다. He is risen! 예수 부활하셨네.

2부

분별에 관하여

"복음에 합당하게 생활하라."

빌립보서 1:27

3

문화에 대한 변혁적 관점

3.
문화에 대한 변혁적 관점

문화란 무엇인가? 문화는 인간의 생활양식을 말한다. 그러므로 문화는 삶의 모든 영역을 포괄하는 개념이다. 그러면 그리스도인은 문화에 대해서 어떤 관점을 가져야 할까? 그것은 한마디로 문화에 대한 변혁적 관점이다. 네덜란드의 목사요, 신학자요, 언론인이요, 교육자요, 나중에 수상이 된 아브라함 카이퍼는 자유대학교를 설립한 후, 개교 연설에서 이렇게 말했다. "우리 인간 삶의 모든 영역에서 만유의 주재이신 그리스도께서 '나의 것이다!'라고 외치지 않는 영역은 한 치도 없습니다." 그는 영역 주권을 통해서, 변혁적 문화관의 비전을 명확하게 제시하였다. 이는 칼빈주의 전통의 기독교 세계관을 피력한 것으로, 하나님의 주권과 영광이 모든 영역에서 드러나야 함을 강조한 것이다. 따라서 그리스도인은 구원에 있어서, 내적인 은혜를 받을 뿐 아니라, 그것을 공적인 영역에까지 적용할 수 있어야 한다.

역사 속에서 복음과 문화의 관계에 관하여, 양극단인 반문화주의와 문화 승리주의가 늘 있어왔다. 리처드 니버는『그리스도와 문화』에서, 이천 년 기독교 역사 가운데 나타난 문화에 대한 다양한 견해를 5가지 유형으로 분류하였다.[10] 첫째는 문화에 대립하는 그리스도이다. 문화에서 빠져나와 교회로 들어오는 분리 모델이다. 문화 자체를 죄로 보는 이원론적 세계관을 따르는 것으로, 초대교회의 터툴리안, 그리고 재세례파, 퀘이커 교도 등의 견해다.

둘째는 문화의 그리스도이다. 문화 가운데 하나님의 일하심을 인정하고 확인하려는 순응 모델이다. 교회가 문화에 귀속되는 자유주의 신학이 이에 해당된다. 셋째는 문화 위의 그리스도이다. 그리스도와 함께 문화 안에 있는 좋은 것들을 보충하고 사용하는 통합 모델이다. 기독교가 우위를 점하는 한 양자를 긍정하고 종합하려는 견해로, 로마 가톨릭을 대변하는 토마스 아퀴나스의 입장이다. 넷째는 문화와 역설적인 그리스도이다. 니버는 이들을 이원론자라고 불렀는데, 그리스도와 문화의 상반된 권위를 동시에 인정하는 것이 불가피하다고 보는 견해다. 교회와 국가는 서로 거리를 두어야 한다는 두 왕국론을 주장한 마르틴 루터와 실존주의 철학자 키르케고르 등이 여기에 해당된다. 다섯째는 문화의 변혁자 그리스도이다. 그리스도와 함께 문화의 모든 부분을 변혁하려고 하는 회심주의 모델이다. 문화를 배척의 대상도, 궁극적 지향점도 아닌 구속과 변혁의 대상으로 보는 것으로, 아우구스티누스와 칼빈 등의 견해다. 니버가 변혁적 문화관을 말하면서 카이퍼와 바빙크 등 네덜란드 신칼빈주의를 언급하지 않은 것은, 당시 그 또한 실존주의의 영향을 받고 있었던 것으로, 큰 약점을 드러낸다.[11] 결론적으로, 니버는 문화의 변혁자 그리스도 유형이 교회사적으로 볼 때 정통임을 확증하였다.[12]

그러면 변혁적 문화관의 근거는 무엇인가? 첫째, 문화 명령이다. 기독교 문화관은 기독교 세계관에 기초하는데, 이는 창조, 타락, 구속의 구조를 가진다. 따라서 창조가 문화의 기원이다. 문화의 시작은 하나님께서 인간 창조와 더불어 주신 문화명령에 있다.(창세기 1:26-28, 2:15) **"하나님이 그들에게 복을 주시며 하나님이 그들에게 이르시되 생육하고 번성하여 땅에 충만하라 땅을 정복하라 바다의 물고기와 하늘의 새와 땅에 움직이는 모든 생물을 다스리라 하시니라."**(창세기 1장 28절) 하나님께서 인간을 하나님의 형상으로 창조하시고, 그로 인하여 문화 명령을 수행할 수 있는 대리통치자로 세운 것이다. 그러므로 창조의 목적은 문화 발전을 통해 하나님의 영광을 위한 완성에 도달하여 하나님의 나라를 이루는 것이다. 물론 인간이 타락함으로 우리는 창조가 왜곡된 세상에 살고 있다. 그럼에도 불구하고 하나님의 형상이 인간에게 남아 있듯, 타락 전에 주신 문화 명령 또한 지금도 이어진다. 따라서 문화 명령이란 인간이 하나님이 명령에 따라 세계를 돌보며 발전시키는 사명의 준수다. 이 관점은 문화가 인지의 발달에 의해 자연스레 나타난 것이라는 세속적 개념을 버리고 기독교적 문화관을 가능하게 한다.

둘째, 그리스도의 구속이다. 인간의 전적 타락으로 인하여 이 땅에는 반문화가 생성된다.[13] 그러나 그리스도의 구속으로 인간이 구원받아 새 사람이 됨으로써 인간 본래의 사명을 회복하게 된다. 그러므로 그리스도의 구속은 개인적 구속이라는 개인적 차원에 제한되지 않고, 사회적이고 우주적 차원에까지 그 범위를 확장한다. 그리하여 지상 명령 성취는 문화 명령 성취로 이어져 하나님의 통치가 땅끝까지 이르게 될 것이다.

셋째, 하나님 나라의 도래다. 구속을 통한 창조의 회복과 하나님 나라의 도래는 동일한 개념이다. 하나님 나라란 구원받아 변화된 삶을 총체적으로 일컫는 말이다. 신약 성경과 복음의 핵심은 하나님의 나라라는 말에 축약되어 있다. 하나님 나라는 본질적으로 지역적 의미가 아니라 주권적 의미이므로, 하나님의 뜻이 인정되고 실현되는 곳이면 어디에나 천국이 이뤄진다. 하나님 나라의 현재적 도래는 종말론적인 실현이기에, 아직은 미래적 완성이 남아 있다. 그러나 현재적 하나님 나라로 인하여 생성된 변혁된 문화는 완성된 하나님 나라에 귀속될 것인데, 바로 여기에 문화 사역의 의미가 있다.

넷째, 영역 주권이다. 카이퍼가 제시한 일반 은총과 하나님의 절대주권은 영역 주권에서 통합된다. 모든 영역은 개별 주권이 있고, 또한 그 주권들은 그리스도의 주권을 드러내야 한다. 그러므로 그리스도인들은 정치, 경제, 사회, 문화, 교육, 예술, 언론, 스포츠, 과학, 학문, 방송, 기술, 외교, 안보, 군사, 통일, 교회, 종교, 가정 직장 등의 모든 영역에서 그리스도의 주권과 하나님의 영광을 드러내야 하는 것이다. 하나님의 영적 통치의 대리인으로서 우리는 영혼의 구원을 누릴 뿐 아니라, 문화 변혁자로 참여하는 그리스도인이 되어야 하겠다.

4

학문과 신앙

4.
학문과 신앙

학문이란 무엇인가? 이는 학문 활동을 하는 학자들과 공부하는 학생에게도 필수적인 질문이지만, 학문의 분과들이 사회의 모든 분야를 연구 대상으로 하므로 모든 그리스도인과 일반인까지도 답을 얻어야 하는 질문이다.

학문이란?

오랜 역사를 가진 철학에서는 이 문제를 인식론의 범주에서 다뤄왔다.[14] 인식론이라는 용어는 어원으로 보면 헬라어의 앎, 인식이라는 단어(episteme)와 말, 이성, 논리, 학문이라는 단어(logos)의 합성어이다. 영어에서 그대로 이어져 인식론(epistemology)이라는 용어가 되었다. 즉 인식론은 앎에 대한 이론을 의미한다. 이런 의미의 인식론을 서양 철학사에서 최초로 다룬 사람은 플라톤이다. 그의 관심은 앎의 대상이 아니라, 앎 자체의 본질과 개념에 대한 이해, 곧 학문론이었다. 근대 인식논리학을 형성한 데카르트는 플라톤의 사상을 이어받아 인간에게 고유한 특징으로서의 인식이 무엇인지를 밝히려고 하였다. 칸트는 "앎 일반이 어떻게 가능한가?"를 물은 뒤 이를 『순수이성비판』에서 해결하려 하였다.[15] 이처럼 학문의 의미는 인식론에 의해 다뤄지다가 차츰 더 많은 개별 학문 연구자들의 관심으로까지 확대되었다. 이로써 오늘날은 분과학문마다 개별적으로 학문이 무엇인지 나름의 개념을 제시하고 있다.

하지만 학문에 대한 이해는 보다 본질적인 접근이 필요한데, 그것은 기독교 세계관에 기초하여 학문을 정의하는 것이다. 학문은 창조의 일정한 영역을 지속적인 탐구활동을 통하여 획득한 지식들을 통일하여 체계화하는 작업이다. 그러므로 학문의 탐구에 있어서, 언제나 하나님의 창조가 전제되어야 한다. 이 전제에 근거해서만 지식의 추구와 학문의 성립이 가능하다. 특별히 오늘날의 학문활동에서 기독교 세계관적 전망이 중요한 이유는 이미 지난 세기에 헤르만 도예베르트가 지적한 대로, 우리 사회에서 현대 학문의 세속화의 영향력이 너무 크기 때문이다.

학문과 신앙의 통합

따라서 학문 활동은 통합을 요구한다. 먼저는 학문과 신앙의 통합이다. 그리스도인이 세속적 대학에 들어가는 상황을 생각해 보자. 여기서 그리스도인은 학문과 믿음의 관계를 바르게 설정해야 한다. 성도로서 대학생은 단순히 학교 내의 기독교 모임에 참여하는 것에만 그치는 고립주의자가 되어서는 안 된다. 다음으로, 대학의 세속적 학문이 주도하는 대로 자신의 믿음을 수정하기 시작하는 편의주의자가 되어서는 안 된다. 또한, 고립과 편의가 심화되어, 믿음을 포기하는 자가 되어서도 안 된다. 그러면 어떻게 해야 하는가? 통합의 관점을 가져야 한다. 고립주의의 부적절한 관점과 편의주의의 무력함, 죽음과도 같은 믿음의 포기를 거부하고, 통합을 선택하는 학생들은 그리스도인답게 생각하고 공부해야 한다. 아무리 힘들어도 포기하지 않고 이 통합적 관점을 간직할 수 있어야 한다. 그리고 기독 학자와 학생은 누구보다 열심히 연구해야 한다.[16)]

결국 이 선택은 그리스도를 진정으로 창조주요, 구속주로 받아들이는 것이다. **"만물이 그에게서 창조되되 하늘과 땅에서 보이는 것들과 보이지 않는 것들과 혹은 왕권들이나 주권들이나 통치자들이나 권세들이나 만물이 다 그로 말미암고 그를 위하여 창조되었고 또한 그가 만물보다 먼저 계시고 만물이 그 안에 함께 섰느니라."**(골로새서 1장 16-17절)

학문들 간의 통합

다음으로, 학문 활동에서 우리에게 필요한 것은 학문들 간의 통합이다. 개별 학문은 자체적으로 고유한 법칙과 성질을 가진다. 그러나 학문들은 상호 결합의 법칙을 따라 통합되어야 한다. 학문들이 상호 간에 통일성을 가질 수 없으면, 지식 체계가 될 수 없고 또한 발전도 있을 수 없다. 학문의 파편화는 현대 학문의 정신이 되었다. 그리고 이것의 자연스러운 결과는 학문의 한 분야가 다른 분야를 지배하는 현상이다. 계몽주의 시대에는 이성적 방법이 모든 학문을 지배하였고, 오늘날은 이것의 연장이면서 변종인 과학기술적 방법이 모든 학문을 지배하는 추세다.

따라서 통합의 원리는 이것이다. "모든 진리는 하나님의 진리다." 하나님께서 세상을 창조하심으로 창조에 하나님의 지식 체계를 심으셨기 때문이다. 사실 학문의 파편화는 타락의 결과다. 따라서 통합 연구의 출발점은 바른 창조 사상을 가지는 것이다. 분과 학문을 연구하되, 거기서 하나님이 창조하신 질서와 법칙을 연구하는 것이다. 그러므로 학문함의 근거는 창조 세계를 탐구하는 것으로, 창조의 질서와 법칙을 연구하는 것이다. 한 마디로 창조의 법질서가 학문 연구의 대상이다. 그리고 인간이 그렇게 할 수 있는 이유는 우리가 하나님의 형상으로 지음을 받았기 때문이다. 하나님은 우리를 하나님의 형상으로 지으심으로써 그가 지으신 창조 세계의 지적 체계를 우리의 지성을 통해 알게 하셨다. 그리하여 인간은 학문의 제 분야에서, 보이는 분야뿐 아니라 보이지 않는 분야까지 창조의 질서와 성질을 규명하고 계발할 수 있는 것이다.

현대 학문의 세속화의 핵심은 이성의 자율성 주장이다. 타락은 인간의 지성에 과격한 영향을 미쳐 인간의 사고 활동에서 하나님을 배제하게 함으로써 이성이 모든 진리의 판단 기준이 되고 진리의 산출자가 되게 하였다. 헬라인들은 그들의 사고 작업의 시작에서부터 하나님과 그의 지식 체계를 배제하였다. 특히 근세의 계몽주의에서는 이성이 진리의 근거가 되고 확실성의 근거로 신봉되어, 창조 세계의 법질서를 이성이 구성하는 것으로 인정되었다. 하나님이 창조 질서로 심어두신 것을 이성이 탐구하는 것이 아니라, 이성이 실재 세계의 입법자가 된 것이다. 그러나 이성도 가변의 영역임이 분명해지므로, 근세 합리론자들이 그렇게 믿고 주창한 이성의 영원한 진리들도 없어지게 되었다. 오늘날은 이에서 더 나아가 통합된 진리 없이 각자의 이성이 진리를 주장하는 포스트모더니즘에 이르게 되었는데, 결국 여기에는 허무주의와 해체주의만 남게 된다.

학문과 성경

그러므로 여기서 우리는 기독교적 학문 연구의 원리로서 하나님의 말씀을 강조하지 않을 수 없다. 하나님의 창조와 그 지식 체계는 성경에 계시되어 있다. 성경은 하나님의 궁극적 계시이다. 구원 계시만이 아니라 창조에 대한 하나님의 최종 해석을 담고 있다. 하나님의 말씀이 모든 창조를 밝히는 빛이다. 그러므로 모든 학문이 성경의 빛 아래서 수행되어야 한다. 이것이 도예베르트가 성경적 관점에서의 중심 동인들, 즉 창조와 타락과 구속의 요소로 기독교 세계관을 세우려고 했던 이유이다.[17] 성경이 진리이기 때문이다. 성경으로부터 학문에 대한 영감과 동기, 학문의 원리, 방법, 결론을 배워야 하는 것이다. 이처럼 성경에 근거하여 학문 활동을 함으로써 하나님의 창조질서를 바로 밝히고, 바른 학문을 이룰 수 있다.

5

신천지 이단을 대적하라

5.
신천지 이단을 대적하라

신천지는 2020년 1월 기준으로 23만 9,353명의 신자와 12지파 내에 502개소의 성경교육센터가 있다고 발표하였다. 그 후 2020년 2월 말, 신천지 대구교회에서 코로나19 집단 감염 사태가 발생하였고, 사회적으로 신천지 이단의 실체가 드러나게 되었다. 신천지 대구교회의 감염자는 4,200여 명에 이르게 되었고, 이와 함께 코로나 제1차 확산 사태가 일어났다. 무엇보다도 가출한 신천지 여자 청년들이 시립 임대아파트에 함께 살고 있었는데, 2개동 입주자 142명 중 93명이 신천지 신도였고, 코로나로 확진된 46명 모두가 신천지 신도로 밝혀졌다. 이처럼 신천지 이단은 교회를 미혹하고, 사회를 혼란시키는 자들로서, 반성경적, 비도덕적, 반사회적 집단이다. 그 외에도 신천지로 인한 다른 피해들도 계속 드러나고 있는데, 신천지의 문제점을 알면 더욱 심각하다.

교주 이만희

'신천지예수교 증거장막성전'은 현재 과천시 별양동에 본부를 두고 있고, 교주는 총회장으로 불리는 이만희다. 그는 1931년 9월 15일 청도군 풍각면 현리 702번지에서 이재문의 열두 아들 중 여섯 번째로 태어났다. 1948년, 17세에 서울 성동구 금호동 형님 집에 기거하면서 건축업에 종사하다가 어떤 전도사의 안내로 한 천막교회에서 침례를 받았다. 그 후 그는 낙향하여 풍각장로교회에 출석하던 중 본격적인 신앙생활이 이루어졌고, 신비주의 책들을 탐독하게 된다. 1957년, 26세 어느 날 저녁 신비한 체험을 하였고, 자신의 병과 집안 일로 세상을 비관하면서 자살을 시도하다가 또 다시 신비한 체험을 경험하게 된다.[18)]

6.25 전쟁 후 사회적인 혼란을 틈타 한국 사회에는 초기 이단들이 생겨났는데, 그것이 문선명의 통일교와 박태선의 전도관이다. 이만희는 신비 체험을 계기로 당시 유행하던 전도관에 입교하여, 1957년부터 1967년까지 10년간 박태선을 따른다. 그 후 이만희는 1967년, 36세에 서울 오류동에 살면서 장막성전의 유재열의 집회에 참석하여 은혜를 체험하였고, 성경 연구에 몰두하다가 하나님의 음성을 듣고 진리를 좇아가라는 명령을 따라 유재열의 장막성전에 심취하게 된다. 그러나 1970년 40세 때, 유재열의 축재와 비

리에 실망한 후, 자신을 하나님이라고 주장하는 백만봉과 함께 장막성전을 떠난다. 1980년 3월 14일 천국이 이루어진다는 재창조교회 백만봉의 주장이 빗나가자 실망하고 탈퇴한다. 그리고 1980년 3월 14일 안양 비산동에서 처음으로 신천지 모임을 가지게 된다. 신천지 홈페이지에는 이만희의 1980년 이전 일에 대해서는 기록이 없다. 이만희는 타락한 다른 이단 집단의 DNA를 함께 갖고 있는 자로서, 신천지 교리는 결코 독창적인 것이 아니다. 신천지의 기초 교리 배경은 통일교 등의 이단 사상에 근거하고 있고, 특히 유재열과 백남봉의 사상을 그대로 이어받았다.[19] 신천지 신도들은 이 사실을 모른다.

신천지의 역사를 보면, 1984년 3월 14일이 신천지 창립일이다. 백만봉을 떠나 1980년 3월 14일에 신천지 집단을 세운 후, 그해 10월 27일에 이만희는 홍종효와 함께 명예훼손 혐의로 체포되어 감옥에 들어갔다. 98일간의 구치소 구금 생활을 마치고, 1981년 2월 2일에 집행유예로 출감하였다. 1984년 2월 7일 집행유예 기간이 끝나고, 2월 21일에 충남 천태산에 들어가 말씀을 받아 책 두 권을 썼다. 그리고 1984년 3월 14일에 정식 예배를 드리며 신천지 교회를 시작하였다. 신천지에서는 그날 천년왕국이 시작되었다고 말하며, 그해부터 신천기를 사용한다. 1984년 4월 5일에는 안양시 비산2동으로 이전하였고, 1985년에 「계시록의 진상」(「요한계시록의 실상」 출간은 1996년)을 출간하였다. 1986년에는 교육자 선교 협의회와 신천지 산하 지역교회들을 창립하였다.

신천지의 거짓 교리

신천지의 문제점은 무엇인가? 첫째, 예수님을 부인한다는 점이다. 즉 신천지는 예수님을 구원자로 믿지 않는데, 이는 심각한 일이다. 예수님을 믿지 않는 이유는 단 한 가지다. 이만희가 신적인 존재이어야 하기 때문이며 그 자신을 재림 예수로 만들어야 하기 때문이다. 성경이 진리고 자신들의 교리도 진리라고 주장하지만, 신천지는 성경을 하나님의 말씀으로 믿지 않는다. 신천지는 성경을 비유와 상징이라고 한다. 따라서 그들의 성경 해석은 문맥조차 파악하지 않은 것으로 조악하기 이를 데 없다. 그런데도 사람들이 신천지의 미혹에 넘어가는 것은 비유로 답을 주면 알아듣기 쉽기 때문이다. 그래서 성경 중심이 아니라, 감정 중심의 신자들이 신천지의 해설에 잘 넘어간다. 성경을 비유로 풀어야 성경구절을 근거로 이만희를 구원자로 만들 수 있기 때문이다. 신천지에 의하면, 이만희의 몸속에 예수님의 영이 재림하셨다. 이를 위해 먼저 예수님을 인간 예수로 만들어야 한다. 예수님은 영과 육이 함께 있는 신령체로 부활하고 승천한 것이 아니라고 말한다. 초림 시 예수님은 인간 예수, 즉 육체적 예수로 오셨다.(이만희, 「천국과 성도」)

인간 예수에게 하나님의 영이 임했다는 것이다. 그리고 예수님의 부활과 승천은 인간 예수가 아니라, 이제 예수의 영이 그렇게 한 것이다. 재림 때는 예수님의 영이 임하는데, 그 영이 이만희의 몸에 임한 것이 재림이다. 결국 신천지는 예수님의 육체를 부인하는 영지주의 이단이다. 신천지는 삼위일체 하나님도 부인한다. 이만희가 하나님이고 예수님이고, 성령님도 되어야 하기 때문이다. 하나님과 예수님과 보혜사 성령님은 재림 시에 한 영으로 오신다. 하나님이 한 영으로 오셔서, 이만희의 육체에게 임하므로 이만희가 재림주가 된다. 그래서 이만희는 자신을 보혜사로 부른다. 이만희는 재림 주로서, 육체를 가진 보혜사다. 결국 신천지는 양태론 이단이다.

둘째, 종말론의 문제다. 신천지는 한마디로 말해서, 조건부 시한부 종말론자들이다. 이만희는 신천지교회가 세워진 1984년 3월 14일에 천국, 즉 천년왕국이 시작되었다고 말한다. 신천지의 핵심 교리는 세 가지인데, 신천신지 교리, 육체 영생 교리, 십사만 사천 교리가 그것이다. 이긴 자에게 천국과 예수님의 보좌가 임한다. 이만희가 예수님의 영을 받아 이긴 자가 되었기에, 신천지가 천년왕국의 시작이고, 이긴 자에게 오는 것이 구원을 받아 생명책에 기록되는 것이다.(이만희, 「요한계시록의 실상」) 그러므로 이만희는 이긴 자로서, 영생불사한다. 이긴 자의 인도로, 순교한 자들의 영을 받아 영생하는 자는 육체가 죽지 않고 계속 살게 되는데, "일천 살"이 기본이고, 세상을 다스리며 왕노릇하고, 부귀영화를 누린다. 이 세 가지 핵심 교리들을 한 가지로 묶는 것이 실상 교리다. 이만희가 말하는 실상의 핵심은 요한 사도가 계시록에 예언한 내용이 과천에 있는 증거장막성전에서 이루어졌다는 것이다. 이렇게 이루어진 실상에 대한 계시를 받은 자가 보혜사 이만희다.

그런데 이만희는 죽는다. 신천지가 시작된 지 벌써 39년이 지났다. 그러면 그동안 육체 영생을 얻는다는 신천지 사람들이 죽은 것은 어떻게 된 것인가? 2017년 7월 28일 CBS 뉴스 기사에, "신천지 교주 이만희 입원 중 병원 벗어나 잠적"이라는 기사가 떴다. 이만희가 7월 18일 광주의 한 병원에서 척추관협착증으로 중증 수술을 받고 입원치료를 받았으며, 회복이 되지 않은 상태에서 27일에 잠적했다고 보도했다. 신천지를 탈퇴한 김남희는 자신이 이만희를 간호했음을 보여주는 사진 여러 장을 증거로 제시했다. 이만희가 영생불사가 아니라 생로병사의 수순을 따르고 있음을 분명하게 보여주는 일이었다. 신천지 사람들은 영생불사한다는 교주의 수술과 입원치료를 어떻게 바라볼까? 1984년에 이미 신천지가 세워져 천년왕국이 임하여, 세상 나라가 그리스도의 나라가 되었다고 하는데, 지금 그리스도의 나라가 되었는가? 신천지는 거짓과 속임으로 세상을 미혹하는 종교 사기집단이다.

셋째, 반사회적 행태다. 신천지 사람들은 조건부 시한부종말론 추종자들이기 때문에 이 땅에서의 현실적 삶에 관심과 미련을 두지 않는다. 144,000명이 차면 천년왕국이 시작된다고 하였다가, 이제 그 수보다 많아지니 144,000은 제사장의 숫자이므로 그 수에 들어야 천년왕국에 들어가고, 흰 옷 입은 무리들을 다스릴 수 있다고 수정하였다. 또한 144,000의 제사장에 들면, 신천지 밖에 있는 가족들도 흰 옷 입은 무리에 들어가게 할 수 있다고 한다. 신천지에 입교 후, 미래를 걱정하고, 가족을 생각하고, 직장을 염려해야 하는 형편이라면 신천지는 벌써 와해됐을 것이다. 얼마 후에 있을 종말의 날을 기다리며, 신천지가 말하는 제사장직을 차지할 것을 유일한 목적으로 두고 이를 쟁취하기 위해 신천지의 명령에 복종하는 데 자신의 모든 시간과 재산과 역량을 쏟고 있기에 신천지가 존립 가능한 것이다.

이만희는 죽는다

신천지의 추수 교리는 더 심각하다. 추수 교리를 통해 교회 안에 위장 침투한다. 예수님이 뿌린 씨와 바리새인들이 뿌린 씨가 있는데, 지금은 마태복음 24장과 계시록 13장이 말하는 추수 때로써,

밤이 되었을 때라고 주장한다.(신천지교회 교육부, 「주제별 요약해설 3-1」) 기존 교회가 추수밭이고, 신천지 사람들을 추수꾼이라고 부르며, 이제 주의 날이 밤에 도적같이 임한다는 말씀에 근거해, 교회에 숨어 들어가 포교를 해야 하며, 그렇게 하여 기존 성도들을 빼 오는 것을 추수라고 가르친다. 신천지는 속여서 추수하는 것을 교리로 삼고 있으니, 이 얼마나 비도덕적이고 비윤리적인 집단인가? 그러므로 거짓과 허상과 속임으로 가득한 종교 사기 집단인 신천지는 거짓의 아비 귀신의 집단임을 알기에, 단지 피하기만 할 것이 아니라, 대적해야 한다. 나는 길에서 전단지를 전하는 신천지를 만나거나, 교회 앞이나 안에서 미혹하는 신천지를 보면, “신천지, 어디서 이단짓 하고 있어!”라고 호통을 치며 크게 외친다. “이만희 죽어. 정신 차려!” “자신도 망하고 다른 사람도 망하게 하는 지옥불에서 심판받을, 이 저주받을 자들아!” 불이 났을 때는 “불이야”라고 외쳐야 한다. 그들이 주는 전단지를 받고, 설문 조사를 작성하는 사람들에게 그것이 신천지의 포교활동이라고 알려주어야 하고, 성도들을 보호할 수 있어야 한다. 이 신천지들을 어떻게 할까? 마귀의 집단으로 드러난 신천지를 대적해야 한다.

6

나는 창조론을 믿는다

6.
나는 창조론을 믿는다

오늘날 창조론과 진화론은 첨예하게 대립하고 있다. 나는 창조론자다. 그것도 6일 창조론자다. 왜냐하면 성경은 살아계신 하나님의 말씀이고 나는 그 말씀을 진리로 믿고 있기 때문이다. 그래서 하나님의 창조를 성경에 있는 그대로 믿는다. 많은 사람들이 진화론은 과학이고, 창조론은 단지 종교일 뿐이라고 말한다. 이는 리처드 도킨스 같은 특정 과학자들이 제기한 주장의 영향이 크다. 그런데 교회에서조차도 이런 생각을 가진 사람들이 많아지고 있다. 과학은 관찰을 통해서 증명되는 것인데, 그래서 진화론은 과학이라는 것이다. 과연 그런가? 바로 여기서 사람들은 착각하는 것이다.

빛의 현상 연구인가, 빛의 기원 연구인가?

과학에는 실험과학과 기원과학이 있다. 일반 과학은 실험과학이다. 이론을 제시하고, 그것이 여러 차례의 실험을 통해서 검증될 때 이를 법칙으로 인정하는 것이다. 그러나 진화론과 창조론은 실험과학이 아니라 기원과학에 속한다. 우주와 생명의 기원을 본 사람이 아무도 없고, 이를 실험으로 증명할 수도 없기 때문이다. 따라서 진화론은 실험과학의 범주에 속하는 것이 아니다. 그럼에도 진화론을 증명할 수 있다고 생각하는 과학자들이 있다면, 이는 자기 주장일 뿐이며 실제가 그런 것은 아니다. 결국 진화론이든 창조론이든 실험으로 증명될 수 있는 것이 아니라는 것이다. 우리는 이런 것을 가설이라고 한다. 즉 과학자의 전제이며 그들의 세계관을 피력한 것이다. 따라서 중요한 것은 기원에 대한 어떤 증거가 나올 때, 그것을 진화론과 창조론 중 어떤 방식으로 설명하는 것이 더 과학적이고 논리적인지를 살펴보아야 한다. 그런 의미에서 진화론은 오류투성이다. 도리어 창조론의 설명이 더 논리적이고 합리적임을 알 수 있다.

대학 시절 전공과목으로 광학을 배운 적이 있다. 광학 교재의 서론을 읽다가 그 마지막 구절에 참으로 흥미로운 표현이 있는 것을 발견하였다. 대략적인 내용은 다음과 같다. “우리는 여기서 빛의 기원에 대해서 논의하는 것이 아니며, 단지 빛의 현상에 대해서 탐구할 뿐임을 밝혀둔다." 아주 솔직한 답변이며, 이것이 바로 과학적 탐구의 자세요 방법이다.

그러므로 창조론의 증거와 진화론의 증거가 따로 있는 것이 아니다. 진화론자에게 창조론의 증거를 따로 제시하는 것이 아니라는 것이다. 창조론이든 진화론이든 같은 대상, 즉 자연을 탐구하는 것이다. 그런데 진화론을 가지고는 우주의 기원에 대하여 바르게 설명할 수 없다. 우주의 기원은 성경을 통해서 바르게 알 수 있다. 그러므로 제대로 된 과학은 성경과 자연을 통해서 이뤄져야 하는 것이다. 하나님은 성경과 자연 모두의 저자이시기 때문이다. 따라서 신앙과 과학은 결코 충돌하지 않는다. 신앙과 과학은 별개의 것이 아니며 반드시 통합되어야 하는 것이다. 이것이 그리스도인이 과학을 대하는 방법이고 자세이다.

신앙 교육, 창조론과 별개인가?

어떤 사람은 교회가 창조론을 가르치니 청년들이 교회를 떠난다고 말한다. 그리스도인 학생들이 학교에 가면 진화론을 배우는데, 교회에서 배우는 창조론과 맞지 않아서 그 갈등으로 교회를 떠난다는 것이다. 그래서 교회에서조차도 젊은 지구론을 포기하고,

지질연대표와 맞춘 점진적 진화론과 더 나아가 하나님께서 진화의 방법을 통해서도 우주와 생명과 인간을 창조할 수 있는 것 아니냐며 유신 진화론을 주장하기에 이르렀다. 과연 이런 타협이 옳을까? 창세기 1장의 기록은 결코 그것을 말하지 않는다. 성경은 분명하게 창조론을 가르치며, 그것도 6일 창조를 가르친다. 그러면 학교에서 가르치는 진화론과의 갈등이 사라질까? 결코 그렇지 않다. 서구에서 청년들이 교회를 떠나는 이유는 도리어 성경적 창조 신앙을 제대로 가르치지 않아서 창조론이 제대로 정립되지 않았기 때문이다. 창조론을 제대로, 더 확실하게 가르치지 않아서 진화론을 배울 때 더 갈등하고 회의하게 된 것이다.

우리는 성경과 과학이 분리되지 않음을 알아야 한다. 나는 그리스도인으로서 신학과 과학 사이에 심각한 또는 결정적인 충돌이 없을 것으로 믿는다. 신학자와 과학자 사이에 일부 갈등이 빚어진다 해도, 이는 성경과 자연을 해석하는 인간의 오류 때문일 것이라고 판단한다. 즉 신학자와 과학자 사이에 때때로 의견 차이가 있을 수 있지만, 하나님의 두 책, 성경과 자연 사이에 의견 차이는 있을 수 없다. 물론 성경은 과학 교과서가 아니다. 성경은 과학 이론을 제시하는 것이 아니며 평범한 인간의 관점에서 세상을 바라보는 자들이 이해할 수 있는 언어를 사용한다. 이런 이해를 바탕으로 성경을 해석할 때, 기록된 말씀이 과학과 심각하게, 또는 결정적으로 충돌하지 않음을 깨닫게 될 것이다. 만약 둘 사이에 중대한 충돌이 발생한다면 이는 성경과 과학이 서로 상충하는 주장을 담고 있어서라기보다는 인간의 해석에 오류가 있기 때문이다.

과학도 끊임없이 변하고 있다. 그러므로 동시대의 과학에 호응하여 전통적인 성경 해석을 성급하게 바꾸지 않도록 주의해야 한다. 기독교적 관점에서 볼 때, 과학은 하나님이 주신 선한 세계와 그 안에 있는 자연의 법칙을 연구하는 학문이다. 그러므로 교회는 과학 연구를 격려하는 분위기를 형성해야 한다. 따라서 신학자와 과학자는 서로 대화하는 자세를 가져야 한다. 그리하여 교회는 신앙과 과학을 통합할 수 있도록 가르쳐야 하는 것이다. 진화론을 주장한 다윈은 이후에 자신의 이론에 대한 증거가 나올 것이라고 기대하였다. 그러나 진화론의 증거들은 나오지 않았다. 그런데 성경적 창조론의 증거들은 나오고 있다. 또한 계속해서 나올 것이다. 아래에서는 진화론의 허구성을 살펴보겠다.

진화론의 오류, 빅뱅 이론

진화론의 오류에 대한 여러 가지 견해들이 있지만, 여기서는 대표적인 네 가지 예시만 들겠다. 첫째, 진화론자들이 주장하는 빅뱅에 관한 것이다. 빅뱅을 받아들이는 데는 장점과 단점이 있다. 먼저 빅뱅이론은 우주의 시작이 있다는 의미에서는 장점이 있다. 문제는 진화론자들이 빅뱅이론을 제시하면서 우주는 스스로 생겼다고 주장하는 것이다. 지난 세기, 천체물리학 분야에서 가장 큰 이슈는 상대성이론과 빅뱅이론이었다. 일반 상대성이론을 발견한 아인슈타인은 자신의 이 이론을 "당황스러운 것"이라고 불렀다. 그는 이 우주가 외부 원인에 의존하지 않은 채 스스로 존재하는 것이기를 원했지만, 자신의 이론이 검증되는 날에는 정작 우주는 어떤 원인이 낳은 거대한 결과물로 드러나게 될 것이기 때문이었다.

1927년 천문학자 에드윈 허블은 우주가 팽창하고 있음을 실제로 관측하였다. 캘리포니아의 윌슨 천문대의 지름 100인치 망원경을 통한 관측 결과, 허블은 관측 가능한 모든 은하로부터 나오는 빛에서 적색편이를 발견했는데, 이는 그 은하들이 우리로부터 멀어지고 있음을 의미한다. 빛에는 파동이 있어 파동에 따라 빛을 구분할 수 있는데, 예를 들어 가시광선은 장파부터 단파까지 빨주노초파남보 스펙트럼으로 구분된다. 허블은 관측한 물체가 관측자로부터 멀어져, 파장이 늘어져서 원래 색보다 빨갛게 보인다는 것을 확인했다. 이는 우주의 팽창을 확인한 것으로, 우주는 시작점이 있다는 것을 관측한 것이다.

결국 1947년 천문학자 가모트는 빅뱅이론을 주창하게 되는데, 200억 년 전쯤 빅뱅, 즉 우주 대폭발이 일어났을 때 우주의 온도는

3,000K이었을 것이며 이 폭발은 빠른 속도로 팽창하면서 6-7K 정도의 열을 남겨놓았을 것이라는 가설을 내놓은 것이다. 현대 과학에서 우주의 나이는 137.7억 년이고 지구와 태양의 나이는 45.6억 년이므로 편리하게 우주 역사는 138억 년, 지구 역사는 46억 년이라고 말한다. 가모트는 벌써 우주의 나이부터 틀렸다. 현재의 우주와 지구의 나이도 또 변할 수 있다. 진화론자들은 빅뱅이론을 통해서 반물질의 소멸 속에서 물질이 등장하여 양성자와 중성자가 생기고, 다른 원소들이 생기고, 별의 생성과 나아가 지구와 생물과 인간의 진화까지 이뤄졌다고 설명한다.

그러면 빅뱅의 기원은 무엇인가?

그러나 중요한 것은 빅뱅으로 인하여 우주의 시작이 있었다면 그 시작의 원인도 있어야 한다는 것이다. 시작의 원인에 대하여 진화론자들은 어떤 법칙에 의한 우연한 대폭발이 있었다고 설명하면서 무에서 우주가 탄생했다고 주장하는데, 바로 여기에 모순이 있는 것이다. 어떤 법칙이라고 설정한 것조차도 그것의 원인이 있다. 그러므로 무로부터 시간과 공간과 물질은 탄생할 수 없으며, 그것이 가능했다면 무로부터의 탄생, 그 원인은 자존자이신 하나님의 창조밖에 없는 것이다. 따라서 빅뱅이론은 가설이지만, 그것조차도 진화의 증거가 아니라 창조의 증거가 된다. 결국 빅뱅이론은 팽창의 증거일 뿐, 폭발의 증거는 될 수 없다.

문제는 현재 관측이 가능하지 않은 빅뱅이론이 중고등학교 교과서에 우주의 기원으로 등장하고 있다는 것이다. 오늘날 진화과학자들 사이에서도 빅뱅의 구체적인 내용에 대해서는 통일된 의견이 없이 제각각이다. 빅뱅이론은 우주 초기에 극도의 정확한 밀도 값이 정해져야 하는 문제를 설명해 내야 하며, 이것이 해결되지 못하면 존속되기 어렵다. 이론적으로 계산한 우주 시작 100만분의 1초일 때, 우주는 오늘날과 같은 안정된 물질세계를 형성할 수 있는 우주가 되느냐 마느냐를 결정하는 밀도 조건, 즉 임계 밀도를 가져야 한다. 우리가 사는 우주처럼 편평하게 팽창하는 공간의 곡률을 유지하려면, 100만분의 1초일 때, 우주 공간 1㎤당 반드시 447,225,917,218,507,401,284,016g의 물질이 들어있어야 했다.[20] 이보다 1도 작거나 커지면 안 되고 딱 이만큼이어야 했다. 이는 지구의 모든 모래알 개수에 단 한 개라도 보태거나 빼서는 안 되는 만큼의 정확도이다.

그래서 이 난제를 해결하기 위한 수학적 시도로, 진공 상태에서 무한히 빅뱅이 일어난다는 다중우주 개념까지 도입하고 있다. 즉 한 번의 빅뱅으로는 지금의 안정된 물질과 별과 은하를 형성하고 정교한 법칙이 존재하는 질서를 가진 우주를 설명할 수 없어서, 무한 번의 빅뱅 중 한 번쯤은 정확한 타이밍의 인플레이션이 일어나는 정확한 임계 밀도를 맞추는 우주가 생겨날 수 있었다고 생각하는 것이다. 다중우주론까지 가면 이는 과학이 아니라 형이상학이다. 창세기 1장 1절은 "태초에 하나님이 천지를 창조하시니라"라고 말한다. 여기에 등장하는 "창조하다"에 해당된 "바라"는 특정 의미를 가지는데, "무에서 유를 창조하다"라는 뜻이다. 기원에 대한 가정에 가정을 더하고, 빅뱅의 원인조차도 무에서 나왔다고 주장할 것이 아니라, 자존자 하나님이 이 땅의 시작이요, 창조자임을 인정하는 것이 더 합리적이다.

화학진화의 오류

둘째, 원시 바다에서 원시 세포가 발생하는 화학적 진화가 가능하냐는 것이다. 진화론자들은 밀러의 실험이 이를 증명했다고 발표하였다. 1953년 스탠리 밀러는 원시 지구의 대기는 환원성 기체들 네 가지로 구성되어 있었고, 대기 중에는 산소가 없고, 오존층도 없고, 태양의 자외선이 그대로 유입되어 천둥과 번개가 치는 가운데 원시 바다에서 아미노산을 포함한 유기물질이 생겼다고 가정한다. 이 가정을 바탕으로 밀러는 플라스크 안에 환원성 기체들을 넣고 6만 볼트 이상의 고전압 방전을 일주일 동안 계속하였으며,

그 결과 생긴 생성물을 냉각장치를 이용하여 급냉시켰는데, 이를 통해 L-형 및 D-형 아미노산 혼합물과 다른 유기물들을 얻을 수 있었다. 결국 L-형 아미노산이 만들어졌기에 원시 세포가 생성되는 화학적 진화가 과학적으로 증명되었다고 생각했다.

그러나 밀러의 실험 장치는 인위적으로 고안하여 만든 장치로, 자연 상태에서는 존재할 수 없다. 밀러는 냉각장치를 사용하였는데, 원시지구에는 이런 냉각장치도 없었다. 게다가 밀러가 만든 물질은 L-형과 함께 독성 물질인 D-형이 섞여 있어서, 결국 생명체가 될 수 없다. 생명체는 L-형으로만 되어 있기 때문이다. 1982년 헤리 클레미와 배드햄은 지질학 학술지에 "원시 지구 대기에 산소가 없었다는 진화론들의 주장에 대한 과학적 근거가 전혀 없다. 가장 오래된 암석에는 대기 중에 산소가 있었음을 보여주는 증거, 즉 산화물 암석이 있다."라고 발표하였다. 생명의 자연 발생은 증명된 적이 없다.

생물진화의 오류

셋째, 시조새 논쟁이다. 진화의 아이콘 중 시조새만큼 유명한 것도 없을 것이다. 진화론자들이 1861년 독일에서 발견된 이 화석을 파충류와 조류의 중간 화석으로 내세운 것으로, 학교에서 배운

대로 새의 조상으로 알려졌다. 시조새는 날개와 깃털이 있으면서도 부리 안에 이빨과 긴 꼬리를 가졌으며, 날개에 발톱이 있었기 때문이다. 하지만 1982년 '국제 시조새 회의'는 시조새가 그냥 새일 뿐, 새의 조상이 아니라고 공식적으로 발표하였다. 조류와 골격이 비슷하며, 조류처럼 타원형의 잘 발달한 날개를 갖고 있으며, 두개골 모양도 처음에는 파충류에 가깝다고 주장되었으나, 추후 연구로 조류에 훨씬 가까운 것으로 밝혀진 것이다.

또한 시조새보다 진화론적 연대로 7500만 년 이전인 텍사스의 트라이아스기 지층에서 완전한 두 마리의 새들이 발견되었으니, 이는 도무지 앞뒤가 맞지 않는다. 조상보다 더 오래된 지층에서 후손이 나올 수 있겠는가? 오늘날에도 몇몇 조류나 멸종된 조류는 부리에 치아를 가지고 있고, 날개에 발톱을 갖고 있다. 현재 교과서에서 시조새가 삭제된 교과서가 있고, 아직도 수록된 교과서도 있다.

인간진화의 오류

넷째, 인간의 공통 조상이 존재하는가? 지질 연대표나 인류의 진화계통도를 보면 그림으로는 그럴 듯하게 보인다. 진화론자들은 무기물에서 유기물이 생기고, 거기서 원시 세포가 생기고, 그 후

어류와 양서류와 파충류와 조류와 포유류와 인류로 진화했다고 주장한다. 그런데 분명한 사실은 공통 조상들에 대한 중간 화석이 나온 적이 없다는 것이다. 이는 무에서부터 유가 자연적으로 생길 수 없듯이, 종이 종을 뛰어넘어 진화할 수 없기 때문이다. 창세기는 하나님께서 각기 종류대로 창조하셨다고 말한다. 같은 종류 안에서의 진화, 즉 소진화는 창조론도 인정한다. 우리는 이것을 생물의 다양성이라고 한다.

그러나 한 종류에서 다른 종류로 변하는 대진화는 결코 일어나지 않는다. 결국 현재까지 중간 형태의 화석은 발견되지 않고 있다. 이러한 사실은 화석 기록에 나타나는 가장 두드러진 특징으로서, 진화론을 주장하는 사람들이 해결할 수 없는 과제다. 진화론자들은 인류의 진화에서 원숭이가 진화되는 것이 불가능한 것을 발견하고 더 이상 유인원을 제시하지 않는다. 그 대신 원인(原人)을 제시하는데, 인간의 공통 조상의 대명사는 단연 오스트랄로피테쿠스이다.

그동안 여러 개의 뼈들이 오스트랄로피테쿠스로 발표되었는데, '루시'가 대표적이며 교과서에도 수록되어 있다. 루시는 도날드 요한슨이 1973년 이디오피아에서 발견한 두개골과 몸통, 손목뼈, 다리뼈를 연결하여 사람의 신체 모양으로 만든 것이다. 몸통은 원숭이를 닮았지만 무릎 관절이 인간의 것과 비슷하여, 네발로 걷다가 두 발로 걷기 시작한 공통 조상으로 여겼던 것이다. 그러나 2000년 고생물학자 스탁스테드는 무릎 관절에 상관없이 루시는 주먹으로 걸었을 모습을 보여준다고 『사이언스 』지에 발표하였다. 그녀의 손목뼈가 침팬지나 고릴라처럼 기어다니기 편하도록 꺾어 고정할 수 있는 해부학적 구조를 가지고 있음을 발견한 것이다. 두개골은 보노보 원숭이와 모양이 비슷하고 인간의 3분의 1정도밖에 되지 않으며, 다리는 팔 길이보다 짧고, 특히 골반이 인간처럼 안으로 휘어진 구조가 아니라 원숭이들처럼 바깥으로 뻗은 형태를 보이므로 직립 보행을 할 수 없는 구조임이 밝혀졌다. 오스트랄로피테쿠스는 분명 사람이 아니며 유인원과 닮았을 뿐, 이들은 원인, 즉 인류의 조상으로 부를 수 없고, 그냥 침팬지인 것이다.

최근까지 현생 인류의 조상으로 자바원인, 네안데르탈인, 필트다운인, 네브라스카인 등이 공통 조상으로 제시되었다. 그러나 이들 중 자바원인과 네안데르탈인은 사람으로, 네브라스카인은 멧돼지로, 필트다운인은 조작으로 결론이 났다. 진화론자들이 제시하는 인류의 진화 계통도에서 유인원과 원인 사이, 그리고 원인 화석과 호모속 화석 사이를 연결해 줄 수 있는 화석 자료가 극히 부족하다. 사실 후보로 삼을 만한 것조차 없어서 진화적 조상이 있어야 할 자리마다 물음표를 표시해 놓은 것이 '인류의 진화계통도'의 현실이다.[21] 진화론은 인류의 진화에서조차도 중간 화석을 제시하지 못하고 있다. 이유는 단 한 가지이다. 세상은 지적 존재의 계획에 의하여 창조되었기 때문이다.

진화론은 단지 자연주의 세계관에서 비롯된 것으로, 『쉽게 풀어쓴 세계관 특강』의 저자 손봉호 교수의 지적대로, 창조론과 진화론이 있는 것이 아니라, 정확히 유신론적 세계관과 무신론적 세계관이 있을 뿐이다.[22)]

창조론의 부류들

결론적으로, 나는 창조론을 믿고 또한 6일 창조론, 즉 젊은지구론을 믿는다. 진화론은 창조주 하나님 없이 기원을 설명해 보려는 시도로, 이는 과학이 아니며, 우주와 생명의 기원을 무신론적 자연주의 철학으로 설명하려는 이론일 뿐이다. 오직 성경적 창조론에서만이 답을 찾을 수 있다. 창세기 1장을 원문으로 읽어봐도, 이는 비유나 시가 아니며 산문적 진술임을 금방 확인할 수 있다. 창세기 1장 1절, "태초에 하나님이 천지를 창조하시니라"는 육하원칙이 분명한 역사적 진술이다.

물론 "날"의 개념에 있어서, 개혁파 교회 안에서도 다양한 견해가 있다. 2000년, 미국의 대표적인 개혁교회 교단인 PCA 총회는 2년간 연구한 창조연구위원회의 보고서를 통해, 다음의 네 가지 관점을 허용할 수 있다고 발표하였다. 첫째, 날-하루 해석 관점이다. 창세기 1장의 창조의 날들의 하루를 24시간으로만 보는 관점이다. 창세기 1장을 역사적 내러티브로 보고, 문자적 해석을 택하고 역사성을 인정하는 것이다. 이는 6일 창조의 젊은지구론을 말하는 것으로, PCA의 창조연구위원회도 이 관점을 첫 번째로 언급하였다.

둘째, 날-시대 해석 관점이다. 창세기 1장의 창조의 날들을 24시간 하루가 아니라, 날(욤)의 다른 용례처럼, 어떤 기간과 시대를 의미할 수 있다는 것이다. 각 시대는 대체로 순차적이지만 중첩되거나 포함될 수 있다고 본다. 셋째, 틀 해석 관점이다. 이 관점은 창조의 여섯 날을 일반적인 24시간 하루의 날로 생각하지만, 그 날들이 비유적인 기능을 하는 것으로 여긴다. 창조 주간의 전반부 3일과 후반부 3일을 대응시켜, 전반부 3일에는 각 공간을 만들고 후반부 3일에는 각 공간을 채울 것을 만들었다는 것을 표현한다는 것이다. 넷째, 유비적 날들 해석 관점이다. 창조의 날들이 인간 관점에서의 날들이 아니라, 하나님의 관점에서의 창조 사역의 날들이라고 보는 관점이다. 인간 기준의 날이 아니라 하나님 기준의 날이기 때문에, 날의 길이도 24시간에 제한되지 않는 것으로 여기고, 또 초자연적이면서도 역사적이고 연속적인 것으로 여긴다. 이 관점은 젊은지구론이나 오래된지구론과는 양립할 수 있지만, 유신 진화론과는 양립할 수 없다.

성경적 창조론

개혁파 교회 안에 날 해석에 대한 다양한 관점이 있지만, 이를 요약하면 두 가지로 귀결된다. 성경에 기록된 그대로 6일 창조론을 믿는 젊은지구론이냐? 아니면 날-시대 해석과 틀 해석과 유비적 해석 관점들이 열어 놓은 오래된지구론이냐? 하는 것이다. 신자는 성경이 진리이며 무오한 하나님의 말씀임을 믿으며, 따라서 창조를 성경대로 믿는 자이다. 창세기 1장의 바른 해석에 의하면, 6일 창조론밖에 없고, 따라서 젊은지구론 외에는 타협의 여지가 없다. 하지만, 나는 하나님의 창조를 믿으며 오래된지구론을 주장하는 자들에 대해서는 그들의 견해를 충분히 이해할 수 있다.

그동안 기독교 신앙을 가진 자들 중에서도 날의 해석 외에, 창조론 제반에 대한 또 다른 이론들이 있어왔고, 그들은 현재에도 교회에 큰 영향을 미치고 있다. 물론 이들은 성경적 창조론이 아니며, 과학을 빙자하여 진화론과 타협한 이론들일 뿐이다. 그 대표적인 것이 유신 진화론, 다중 격변론, 점진적 창조론, 간격 이론 등이다. 유신 진화론은 하나님 없는 창조를 말하기에 아예 창조론이 아닌 것으로 제외하더라도, 다중 격변론은 오늘날 교회에 큰 영향을 미치고 있다.[23] 이는 하나님이 진화를 통해 생물을 창조하시고, 멸종시키는 일을 수십억 년 동안 반복했다는 것이다. 그리고 아담을 창조하셨다는 것인데, 생물들이 창조되고 멸종하는 현상이 아담 이전에 있었다는 것이다. 우주에서 날아온 소행성들과 운석들의 충돌로 여러 번의 격변과 멸종이 있었으며, 마지막으로 일어난 격변이 노아 홍수다. 그들에게 노아 홍수는 전 지구적 사건이 아니고 지역적인 격변 중의 하나다. 따라서 지구상의 퇴적지층들 대부분은 노아 홍수 때 만들어진 것이 아니며, 지층 속의 화석들은 먼 과거에 있었던 격변에 의한 멸종의 기록이다. 결국 아담 이전에 죽음이 있었다는 것인데, 이는 인간의 죄로 모든 피조물이 사망에 이르렀음을 말하는 성경적 진리에 정면으로 위배된다. 다중 격변론이 근거로 삼는 것이 지질시대표인데, 오래된 지구를 주장하기 위하여 성경을 버리고 지금도 모순이 드러나고 있는 지질시대표를 신봉한 결과이다.

다음으로, 점진적 창조론 또한 교회에 큰 영향을 미치고 있는데, 지구에는 46억 년 동안 지질시대표 순서대로 창조와 멸종이 반복되었다는 것이다. 지질시대표의 각 시대의 구분마다 하나님이 갑자기 생물들을 멸종시키고, 또한 갑자기 새로운 생물들을 창조하셨다. 이들 또한 빅뱅 우주론과 지질시대표를 과학적 사실로 믿어, 하나님이 6일 동안 각기 종류대로 창조하심이 아니라, 각 시대

별로 하나님이 멸종과 창조를 반복하셨다는 것이다. 그리고 최후의 창조가 인간이다. 하나님의 창조도 말하고, 지질시대의 구분이 왜 일어나는지도 설명해 주는 꽤 그럴듯한 이론이다. 그런데 하나님께서 자신이 창조한 피조물을 갑자기 멸종시키고, 지질시대에 맞춰 새로운 생물들을 갑자기 많아지도록 창조했다는 말은 하나님의 성품을 파괴한다. "보시기에 좋았더라"고 하신 하나님이 반복하여 생물체들을 다시 멸종시켰다는 것이 말이 되는가? 특히 성경은 아담 이전에는 죽음이 없었음을 명백하게 가르친다.

마지막으로, 간격 이론은 창세기 1장 1절과 2절 사이에 수십억 년의 간격이 있었고, 그 때가 지질시대에 해당된다는 것이다. 그러나 창세기 1장 1-5절을 보면, 첫째 날에 하나님은 빛뿐만 아니라, 시간과 공간과 물을 함께 창조하셨다. 따라서 창세기 1장 1절은 창조의 선언이면서 동시에 1-5절의 첫째 날 창조의 내용에 속한다. 문법상으로도, "그리고"에 해당되는 "와우"가 1-5절까지 각 절에서 계속 연결되어 있음을 볼 수 있다. 다중 격변론과 점진적 창조론과 간격 이론은 창세기가 증거하는 6일 창조와 아담의 역사성과 죄의 기원을 부인하는 것으로, 기독교 신앙의 기초를 무너뜨리는 견해들이다. 하나님의 창조가 무너지면 예수님의 구원도 무너지고, 이는 결국 복음을 무너뜨리고 신앙을 무너뜨리는 일이다.

마지막으로, 6일 창조를 믿음에도 불구하고 이것이 또한 과학자들이 말하는 우주와 지구 연대와 어떻게 조화될 수 있는지를 설명하고 마치려 한다. 자연계에 주어진 질서와 아름다움은 천문학적으로 오랜 시간이 주어진다 하더라도 결코 스스로 우연히 만들어지지 않는다. 질서와 아름다움을 가능하게 하는 원리가 있어야 한다. 이것이 바로 하나님이 창조 시 우리에게 주신 자연 법칙이다. 하나님이 창조물을 보시면서 보시기에 좋았더라고 한 것은 천지만물이 처음부터 완벽한 질서를 가진 상태로 창조되었음을 보여준다. 우주와 지구와 생물체들도 가장 성숙되고 아름다운 상태로 창조되었다. 하나님은 아담도 성인 아담으로 완전하게 창조하셨다. 따라서 하나님은 지구 창조에 있어서도 6일간 성인 지구를 창조한 것이다. 그렇다면 여기서 지구 나이에 대한 문제는 다 해결된다. 지구는 처음부터 어떤 진화 과정도 필요없는, 이미 완성된 상태로 창조되었다. 하나님의 말씀은 진리다. 오직 성경적 창조론만이 답이다.

3부

생활에 관하여

"복음에 합당하게 생활하라."

빌립보서 1:27

7

신앙생활은 수동태다

7.
신앙생활은 수동태다

빌립보서는 바울이 로마 감옥에서 빌립보교회 성도들에게 쓴 옥중서신이다. 그래서 바울은 자신을 매인 자라고 표현한다. 자신을 매인 자라고 한 것은 바울의 삶 전체를 표현한 특징이기도 하다. 왜냐하면 바울은 예수 그리스도에게 매인 자이기 때문이다. 우리가 이 서신에서 발견하는 것은 바울의 매임의 신앙이다. 바울은 감옥에 매였지만, 복음은 결코 매이지 않았다. 오히려 자신의 매임이 복음의 진보를 가져왔다. 제국의 그 어떤 권세도 바울을 맬 수 없었다. 그러므로 바울에게는 오직 하나의 매임만 있을 뿐이다. 그것은 그리스도께 매인 바 된 것이다. 그래서 바울이 빌립보서를 통해서 전하는 말은 그리스도께 매인 기쁨이다.

바울은 감옥에 갇힌 것으로 인하여 기뻐하였다. 어떻게 그것이 가능할까? 바울에게는 그것이 그리스도께 매여서 당한 일이기 때문이다. 바울은 매임의 신앙에 대하여 이렇게 설명한다. **"내가 이미 얻었다 함도 아니요 온전히 이루었다 함도 아니라 오직 내가 그리스도 예수께 잡힌 바 된 그것을 잡으려고 달려가노라 형제들아 나는 아직 내가 잡은 줄로 여기지 아니하고 오직 한 일 즉 뒤에 있는 것은 잊어버리고 앞에 있는 것을 잡으려고 푯대를 향하여 그리스도 예수 안에서 하나님이 위에서 부르신 부름의 상을 위하여 달려가노라."**(빌립보서 3장 12-14절)

바울은 자신의 인생을 매임의 인생, 즉 붙잡힌 인생이라고 하는 것이다. 바울은 예수 믿는 사람들을 잡아 재판에 넘기려고 다메섹으로 가다가 예수님께 붙잡혔다. 그 후 그의 인생은 예수님께서 끌고가신다. 우리의 인생도 마찬가지다. 우리가 예수님께 붙잡히지 않았으면 과연 예수님을 믿을 수 있었을까? 그렇지 않다. 붙잡힌 인생이 복된 인생이다. 왜냐하면 그리스도께 붙잡힌 인생은 그리스도가 이끄는 인생이기 때문이다. 그러므로 신앙생활은 언제나 수동태다. 붙잡힌 인생이다. 그런데 붙잡힌 인생을 어떻게 살라는 것인가? 잡힌 바 된 그것을 잡으려고 달려가는 것이다. 곧 붙잡힌 인생을 능동적으로 사는 것이다. 따라서 신앙생활은 또한 적극성을 가진다.

그것은 달음질의 비유에서도 나타난다. 바울은 앞에서 말한 성경구절에서, 신앙의 여정은 달음질이라고 두 번이나 언급하며 강조한다. 신앙생활은 그만큼 적극적이어야 한다는 것이다. 여기서의 달음질은 단거리 달리기다. 단거리 달리기 선수는 뒤를 돌아볼 겨를이 없다. 오직 앞에 있는 푯대를 향하여 달린다. 자신을 부르신 부름의 상이 거기 있기 때문이다. 그날에 예수님께서 인정해 주실 것이기 때문이다. 신자는 부름의 상을 향하여 달려가는 경주자다. 그러므로 신자는 멈추면 안 되고, 달려가는 신앙이어야 한다. 예수님께서 이끄시는 대로 적극적으로 사는 것이다.

장애를 가졌다는 이유로 임용이 늦어진 법관이 있었다. 동기들의 끝만 따라다녔다. 지방 재판관으로만 맴돌았다. 그런데 어느 날 하나님이 호령하셨다. “제자리에 서!” 이어 "뒤로 돌아!"라고 명령하신 후 “앞으로 가!”라고 하는 순간, 자신이 1등이 돼 있더라는 것이다. 꼴찌여서 1등이 될 수 있었다는 것이다. 그는 동기들 중 가장 먼저 대법관의 자리에 올랐다. 김신 전 대법관 이야기다. 예수님께 붙잡힌 인생은 예수님께서 이끄시는 인생이다. 목적이 이끄는 삶 이전에 예수님이 이끄는 삶을 살아야 한다. 이는 예수님께 매인 인생으로, 복음에 매인 인생이다. 복음에 합당한 삶을 사는 인생이다. 그리하여 예수님이 책임지는 인생이다. 그날에 부름의 상을 주심으로 예수님이 인정하는 인생이다. 주께 붙잡힌 인생을 적극적으로 살 수 있어서, 부름의 상을 주시는 푯대를 향하여 달려감으로 그리스도께 매인 기쁨을 누리는 우리 모두가 되기를 바란다.

8

이태원 참사를 대하는 그리스도인의 자세

8.
이태원 참사를 대하는 그리스도인의 자세[24)]

한국리서치의 “2022년 종교인식조사”에 의하면, 3대 주요 종교 신자 호감도에서 개신교는 32.3점으로 여전히 꼴찌다. 불교의 47.1점과 천주교의 45.2점에 한참 못 미친다. 2015년 통계청 인구총조사에서 10년 주기의 종교조사는 개신교 19%, 불교 15%, 천주교 7%라고 발표하여, 처음으로 개신교 인구가 제일 많게 되었다. 그러나 개신교 인구가 늘어난 것이 아니라, 다른 종교 인구가 줄어서 생긴 결과다.

한국리서치의 종교인식조사에서도 종교인구는 개신교 20%, 불교 17%, 천주교 11%로 개신교가 제일 앞선다. 다만 절반 이상인 51%는 믿는 종교가 없다고 응답하면서, 계속해서 탈종교화 현상이 나타나고 있다. 그렇다면 한국 교회는 이에 맞는 책임을 다하고 있는가? 통계를 조금 자세히 들여다보면, 개신교에 대한 긍정 평가는 약간 긍정 9%, 매우 긍정 11%를 합하여 20%로, 불교와 천주교에 비해 반밖에 안 된다. 어떡하다가 개신교에 대한 평가가 이렇게 되었단 말인가? 일반인에게 한국 교회는 자신들만을 위한 이익 집단으로 비춰지기 때문이다. 한국교회는 한국 사회의 반감을 무겁게 받아들여야 한다.

한국 기독교의 민낯

그런데 이태원 참사에 대처하는 한국 교회의 모습을 보면 아직도 멀었다는 생각이 든다. 특히 대형교회 지도자들의 일탈은 한국교회의 민낯을 그대로 보여주고 있다. 신앙의 본질을 잘 지키는 교회들이 많지만, 대형 교회들의 폐해는 고스란히 그리스도인 전체에 대한 평가에 심각한 악영향을 미치고 있다. 10월 29일 밤 10시 15분, 할로윈데이 축제가 진행되고 있었던 이태원에서, 156명의 청춘이 압사당하는 참사가 벌어졌다. 21세기 대한민국 땅에서 어떻게 이런 일이 벌어질 수 있을까? 정부는 즉각적으로 1주간의 국가애도기간을 선포하였다. 그리고 마지막 날인 11월 5일에 '한국교회 이태원 참사 위로예배'가 한교총(대표 류영모 목사)과 한국교회봉사단(대표 김태영 목사)의 주최로 백석대 하은홀에서 열렸고, 여기에 윤석열 대통령 내외도 참석하였다. 김삼환, 장종현, 오정현 목사 등이

순서를 맡았다. 그런데 그들은 누구를 위로하는 예배를 드린 것일까? "우는 자들과 함께 울라"는 주제로 드린 예배에서, 위로의 대상인 유가족에 대한 배려는 그 어디에도 없었다. 거기 참석한 대통령이나 교회 지도자들 중 참사 직후 유가족을 만난 자들은 아무도 없었고, 지금까지도 마찬가지다. 결국 유가족 없는 위로예배는 대통령을 위한 위로예배가 되어버렸다. 이것이 이태원 참사를 대하는 한국 교회의 모습이다.

그리고 국가애도기간에 차려진 분향소에는 희생자의 사진도, 위패도 없었다. 합동분향소 문구는 "이태원 참사 희생자"가 아니라, "이태원 사고 사망자"로 통일하도록 지시했다. 결국 분향소 중앙단에는 위패 대신, "이태원 사고 사망자"라고 쓰여진 이상한 명패 하나만 을씨년스럽게 세워져 있었다. 이는 사고이니 빨리 잊고 이전으로 돌아가라는 시위처럼 보였다. 그리고 시청 앞 합동분향소에 나타난 윤 대통령은 한 주간의 애도기간 동안 매일 조문하러 나가는 희한한 광경을 보여주었다. 그는 꽃에게 조문을 하고 갔을 뿐, 아직도 유가족을 만나지도 또한 사과하지도 않고 있다. 한 주간의 합동분향소 운영이 끝난 후, 진짜 추모는 이태원역에서 일어났다. 이태원 참사를 안타까워하는 수많은 발길들이 이어졌다. 희생자를 추도하는 국화꽃이 역 전체를 둘러쌌고, 이태원역과 해밀턴호텔 골목 벽에는 셀 수 없는 애도의 글이 붙었고, 추모객들의 흐느끼는 소리가 끊이지 않았다.

40일이 지나서야 유가족들은 이태원 참사의 진상이 제대로 규명되지 않고 있음을 억울해하며, 97명의 유가족이 함께하는 유가족협의회를 구성하였고 국가의 존재 의미를 묻기 시작했다. 그들이 대통령의 사과, 진상규명, 재발 방지 대책, 추모 공간 마련 등을 요구하였다. 대통령은 사과의 기회를 놓쳐버렸다. 하지만 지금이라도 늦지 않았으니, 유가족을 만나야 하고, 또한 사과할 수 있어야 한다. 다행스럽게 12월 16일, 유가족이 함께하는 '이태원 참사 시민 추모제'에는 많은 한국 교회 성도들과 지도자들이 동참하였다. 그리고 12월 22일에는 한국목회자협의회 주관으로 유가족과 함께하는 추모예배를 드렸다.

교회와 국가와의 관계

무엇이 교회와 국가와의 관계인가? 교회는 정부에 대하여 선지자적인 역할을 감당할 수 있어야 한다. 국가의 권력은 하나님으로부터 온다. 따라서 교회는 대통령과 위정자들을 존중하며 기도할 수 있어야 한다. 그러면서도 교회는 국가가 하나님의 뜻을 위배하는 일이 없도록 주시하는 역할도 해야 한다. 정부가 악을 제어하며 선을 장려하고, 경제와 복지를 일으키고, 신앙생활을 평안히 할 수 있도록 질서를 유지하도록 기도하되, 그들이 자신의 유익을 위해 권력을 행사하고, 도리어 악을 행할 때는 반드시 그 악행을 지적하고 저항해야 한다. 여기서는 좌파나 우파가 기준이 아니라, 하나님의 말씀과 그의 뜻만이 기준이 되어야 한다. 그러므로 우리는 이태원 참사를 잊어서는 안 된다. 유가족들의 치유를 위해서라도 기억해야 한다.

국가는 참사의 시작부터 희생자의 이름을 공개했어야 했다. 그리고 유가족들을 개별적으로 접촉하는 것이 아니라, 그들을 함께 만나고, 또한 거기서 사과했어야 했다. 또한 그들끼리도 만날 수 있도록 주선해 주어야 했다. 유가족의 아픔을 치유하는 것이 국가의 가장 우선된 책무이기 때문이다. 그들의 아픔을 치유하는 것은 하루아침에 되지 않는다. 그러나 국가가 이 참사를 기억해 줄 때 위로를 얻는다. 그리고 유가족들끼리 만나서 위로할 때, 가장 큰 위로를 얻는다. 참사를 대하는 국민들의 상처 또한 크다. 물론 사고는 언제라도 일어날 수 있다. 하지만 우리는 이번 사건을 통해, 전쟁과 재난이 아니더라도 대한민국의 일상에서 사람이 서서 죽을 수 있다는 사실을 알게 되었다. 이 점이 너무 안타깝다. 다시는 같은 일이 반복되지 않도록 대책을 세워야 한다. 따라서 국가는 이 참사를 잊도록 하는 것이 아니라, 도리어 이 날을 잊지 않도록 도와야 하며, 그럴 때 우리는 바른 대책과 안녕을 기약할 수 있다.

교회의 선지자적 역할

지금 경찰 특수본이 이태원 참사를 수사하고 있고, 국정조사도 진행 중이다. 철저한 진상규명이 요구된다. 직접적인 책임 당사자인 용산경찰서 서장과 관계자들, 용산구청 구청장과 관계자들이 구속 수사를 받고 있고, 소방청도 조사를 받고 있다. 사건 전의 대책과 사건 후의 대응을 총괄하는 정부와 서울시와 경찰청의 대처가 적절했는지도 조사해야 한다. 정부의 위기관리 지침에는 재난 컨트롤타워가 대통령실의 국가안보실과 비서실, 그리고 행정안전부의 중대본이라고 되어 있다. 참사 며칠 전, 서울경찰청은 10만 명 이상의 인파가 몰릴 것이라는 보고를 받고 논의를 했음에도 불구하고, 정작 당일에 기동대도 배치하지 않았다. 이는 국민의 공복인 공무원들이 위험을 알고도 아무 일도 하지 않은 과실치사에 해당된다. 그리고 참사 직후, 골든타임을 놓친 것이 참으로 안타깝다. 참사 30분이 지나서야 구급차가 도착했고, 경찰력이 공식적으로 투입된 시간은 참사 1시간 15분이 지난, 11시 30분이었다. 재난 컨트롤타워인 행정자치부와 이를 감독할 책임이 있는 대통령이 중대본을 연 시간은 4시간 15분이 지난, 다음날 2시 30분이었다.

이 시점에서 그리스도인들은 이태원 참사의 진상규명과 재발방지를 위해 선지자적 역할을 해야 한다. 무엇보다 중요한 것은 한국

교회가 아픈 자들을 만나서 위로하는 일이다. 특히 심리적 위기관리에 들어가야 한다. 유가족과 생존자에 대한 개별 상담을 위해 연락망을 공유하고, 단체로도 만나 상담하도록 도와주어야 한다. 또한 외상 후 스트레스로 인해 또 다른 사건이 발생하지 않도록 지속적인 관리가 요구된다. 심리적 지원과 함께 실질적인 경제적, 법적 지원도 이뤄져야 한다. 더 나아가 유가족과 함께하는 정기적인 예배가 필요하다. 이것이 "우는 자들과 함께 울라."(로마서 12장 15절)라고 말씀하신 하나님의 뜻을 행하는, 그리스도인의 진정한 자세이다.

9

우리의 소원은 통일

9.
우리의 소원은 통일

2023년, 우리는 정전협정 70주년을 맞이했지만 통일의 길은 여전히 요원하기만 하다. 1986년 10월 14일, 국회에서 이른바 '국시 사건'이 일어났다. 야당 소속의 유성환 의원이 국회 대정부질문에서 "우리나라의 국시는 반공이 아니라 통일이어야 한다"고 발언한 것이 문제가 되었다. 국시는 국가 이념이나 정책의 기본 방침을 말하는데 쿠데타로 집권한 군사 정권은 그동안 반공을 국시로 주장하고 있었기 때문이다. 이 일로 유성환 의원은 국가보안법에 의해 구속되었다. 그 후에 그는 다시 풀려났고, 1987년 1심은 유죄 판결을 내렸으나, 1991년 2심에 이어 1992년 최종심은 범죄가 성립되지 않는다고 판결하였다.

물론 우리는 북의 침략으로 인하여 6.25라는 동족상잔의 비극을 겪은 나라다. 그리하여 남과 북은 아직도 적대관계에 있는 것이 현실이다. 그럼에도 우리 민족의 나아갈 길은 자명하다. 남북 관계가 현재 어려운 가운데 있지만, 그래도 우리의 소원은 통일이라는 것이다. 대한민국 헌법도 "조국의 평화적 통일"을 사명으로 적시하고 있고, 그것이 또한 대통령의 임무 중 하나임을 명시하고 있다.

그런데 지금의 상황은 어떠한가? "2022년 학교 통일교육 실태조사"에 의하면, 북한을 협력 대상이라고 응답한 학생이 이전 해보다 줄어든 38.7%로 나타났다. 통일에 대한 인식에서는 통일이 필요하다고 응답한 학생이 57.7%였다. 여전히 통일의 필요성에 공감하는 비율이 높지만 해마다 줄어, 불필요하다는 인식이 이제 거의 절반에 이른 것이다. 특히 새 정부에 들어서 남북 간의 긴장은 더욱 고조되고 있다. 북한은 연일 미사일을 쏘아대고, 이에 대응하여 정부는 동일하게 무력시위로 일관하고 있다. 거기에 한미연합이라는 공조를 통해 한층 더 강도 높은 대북공세를 이어가고 있다.

이에 북한은 본격적으로 한반도에 전술핵무기 사용을 선언하였다. 이에 대하여 한미는 강대강으로, 핵자산활용 연합훈련을 계속하여 시행하고 있다. 이런 상황에서 우려스러운 일이 발생했는데, 대통령이 남한도 핵무기를 개발하겠다고 선언한 것이다. 이에 미국의 바이든 대통령은 기자들의 질문에 그런 합의는 없었다며 한마디로 "No"라고 답했다. 자유를 지키기 위한 안보의 중요성은 아무리 강조해도 지나치지 않다. 따라서 북한에 대한 대한민국의 기조는 막강한 안보에 입각한 평화 조성이어야 한다. 그런데 지금 남한에서는 막강한 안보에 입각한 전쟁의 분위기가 주를 이루고 있다. 전쟁은 단순한 사건이 아니다. 거기에는 국민의 엄청난 희생이 따른다. 그러므로 안보의 목표는 언제나 전쟁 억제에 있어야 한다. 문제는 긴장을 계속해서 고조시킨다면 반드시 전쟁이 일어난다는 것이다. 따라서 한반도의 긴장 관리야말로, 정부와 정치가 가져야 할 막중한 책임이다. 단지 긴장 완화가 목적이 아니라, 우리는 막강한 안보를 기초로 반드시 평화 통일의 길로 가야 한다.

그러면 평화 통일의 길은 무엇인가? 긴장 고조가 아니라면 어디로 가야 하는가? 가장 먼저, 신뢰 구축이다. 신뢰는 대화와 소통에서 나온다. 어떻게 북을 대화의 상대로 대할 수 있는가라는 질문이 나올 수 있지만, 냉철하게 살펴보자. 트럼프가 자신의 정치적 입지를 위해 북미 회담을 열었고, 그 중재 과정에서 남북 회담이 이루어진 것이 사실이지만, 그럼에도 북이 재작년까지는 미국을 미제로 표현할 뿐, 우리를 적으로 표현하지는 않았다. 우리도 마찬가지다. 국방부가 북을 적으로 간주할 수는 있지만, 정부는 북을 적으로 선언하는 표현을 쓰면 안 된다. 대화를 열어놓아야 한다. 그렇게 신뢰를 쌓는 길 외에는 평화로 가는 길은 없다. 그러므로 정권이 바뀌더라도 북과의 소통은 이어가야 한다. 그리하여 의료, 복지, 경제, 교육적 지원과 교류는 지속되어야 한다.

평화통일은 하루아침에 오지 않는다. 하지만 통일은 민족적 사명이고, 또한 그것이 세계사적 의미에서도 중요하다. 제2차 세계대전이 끝났지만, 남북이 갈라진 한반도에서만큼은 아직도 마무리가 되지 않고 있다. 패전국인 독일과 일본이 그에 대한 책임으로 미국과 소련이 관리하는 신탁 통치를 받게 되는데, 독일은 동서독으로 갈라졌지만, 일본은 본국이 아닌 식민지였던 대한민국이 남북으로 분단되었다. 이는 일본의 외교적 술책과 그것을 수용한 미국의 패착에 따른 것으로, 일제 강점 식민지로부터의 해방 후에 다시 나라가 남북으로 갈라진, 우리로서는 천추의 한이다. 조국의 평화통일은 바로 이 식민지 전쟁의 종지부를 찍는 세계사적인 일이 될 것이다.

경제적인 측면에서도 당장은 통일비용이 들겠지만, 남한의 기술력과 북한의 노동력, 자원이 합쳐진 통일한국의 위상은 실로 엄청나다. 통계적 전망에 의하면, 통일한국의 국민총소득은 20년 안에, 4위 독일과 3위 일본을 넘어서게 된다. 통일비용이 가장 많이 드는 것이 흡수통일이다. 이는 민족의 정서적 연합을 위해서도 옳지 않다. 그러면 교회는 어떻게 해야 하는가? 교회는 복음적 평화통일을 추구해야 한다. 격앙된 대적 투쟁의 상황 속에서도 교회는 평화를 말하고, 화평케 하는 자로서의 역할을 꾸준히 실행해야 한다. 한반도는 지금도 정전 중이다. 그러나 평화를 심는 자들을 통해, 대립 가운데서도 상호 신뢰가 싹트고, 정전협정은 평화협정으로 바뀌고, 평화협정은 평화통일의 길로 이어질 수 있다. 통일한국을 이루어 조국이 치유되고, 세계를 섬기는 나라 되기를 소원한다.

10

한반도 정세와 실제적 통일방안

10.
한반도 정세와 실제적 통일방안

1974년 남북 관계 개선을 위한 획기적인 사건이 있었다. '7.4 남북 공동성명'이 발표된 것이다. 남한의 박정희 대통령과 북한의 김일성 주석이 특사들의 왕래 가운데 남북통일을 위한 3대 원칙으로 '자주, 평화, 민족대단결'을 선언한 것이다. 그 이전까지 압도적 군사력으로 상대를 적화시키겠다는 것이 남과 북의 사실상의 통일론이었는데, 이 선언을 통해 남북이 평화통일로 향해 나아가야 한다는 합의에 이른 것이다. 7.4 정신은 이후 남북 협상의 기초가 되었고, 평화통일의 여정에서 큰 영향을 주었다.

그런데 오늘의 현실은 어떤가? 윤석열 정부가 들어선 후, 남북 관계가 적대적 상황으로 변하고 긴장이 극대화되었다. 한반도의 평화통일은 우리 민족의 대과업이고, 특히 복음적 평화통일을 추구하는 교회로서, 이는 화해와 평화라는 성경적 가치와 연결된, 물

러설 수 없는 원칙이다. 7.4 성명이 보수의 상징인 박정희 정권 때 성사되었음을 기억해야 한다. 김영삼 정부 때는 김일성과 남북 정상 회담이 성사되었는데, 회담을 며칠 앞두고 김일성이 사망하여 남북 관계 개선은 다시 지연되었다. 한반도의 평화통일에 대해서는 진보나 보수가 없어야 한다. 어떤 정권이 들어서든지 이어달리기가 되어야 한다. 독일 통일에서도 결정적인 역할을 한 사람들 중 하나는 미국의 보수 정당 대통령, 레이건이었다.

북의 두 국가론 선언

그러면 북이 현재 핵무장을 공언하고 남한에 대한 적대적 위협을 강화하여 전쟁의 위험을 고조시키고 있는 상황을 어떻게 대처해야 할 것인가? 특히 올해 초에 김정은이 처음으로 적대적 두 국가론을 발표한 것에 어떻게 반응해야 하는가? 또한 문재인의 남북 정상회담으로 열매 맺은 9.19 남북군사합의를 김정은과 윤석열 정권이 파기하고, 대북전단지 살포와 오물 풍선으로 대립하는 지금의 혼란을 어떻게 극복해야 하는가?

지난해인 2023년 북한의 김여정 부부장은 남조선이라는 용어 대신에 대한민국이라는 호칭을 사용하였다. 그리고 올해 초 김정은 국무위원장은 남한을 한 민족에 기초한 통일의 대상에서 통일할 수 없는 대상, 즉 제1의 주적으로 규정한다고 발표하였다. 그리하여 통일 관련 조직을 해체하고, 통일 용어를 폐기하며, 상징물을 철거하는 등 남북관계를 통일을 전제로 하는 특수 관계에서 통일할 수 없는 별개의 국가로 규정하여 큰 충격을 주었다. 대결 국면이 지속되어 온 것을 생각하면, 북한을 이해하지 못할 것도 아닌데, 이러다가 통일이 물 건너가는 것이 아닌지 우려하는 분위기가 감지된다. 어떤 학자들은 올 것이 왔다고 생각하면서 이제 두 국가론에 기초한 대북 정책을 주장하기도 한다.

소전환인가 대전환인가

통일은 물 건너가는 것인가? 총회 통일목회개발원 이수봉 전문위원장은 그래도 이 사태가 대전환이 아니라 소전환이라고 분석한다.[25] 그는 소전환이라는 전제하에 이 사태를 무겁게 받아들이고, 신중하게 대응해야 한다고 강조하였다.

이를 바르게 해석하기 위해서는 두 국가론과 주적 개념을 이해할 필요가 있다. 대전환이라고 보기 어려운 이유는 이미 1991년 남과 북이 유엔에 동시 가입하면서 국제법적으로 두 국가로 공인되었기 때문이다. 두 국가임을 인정한 남북 당국은 2000년 6.15 공동선언에서 특수 관계를 선언하였다. 이는 선언적 차원과 실질적 차원이 다름을 의미하는데, 남북은 두 국가이면서도, 이미 한민족으로서의 특수성을 가진다는 것이다. 유엔 가입을 통해서 북한이 바란 것은 북한의 체제를 인정받고 유지하기 위한 정상 국가로의 등록이었다. 그러므로 남북 두 국가론은 다른 나라들처럼 이웃으로서의 공존이 아니다. 남북은 결국 통일되는 공존을 원하기 때문이다. 따라서 이번에 남한을 통일 대상이 아니라고 한 것은 그동안 자제해왔던 표현인, 대남 적화통일론을 전면에 내세운 것이다. 요약하면, 이번 사태는 대전환이 아니라, 남북 관계의 대립적 후퇴이거나 강경 대치로의 전환으로 보아야 한다.

1995년 우리 국방백서에서 "주적은 북한"이라고 처음 명시했다. 2004년 국방백서에서는 다시 사라졌고, 노무현 정부 때는 "현존하는 북한의 군사적 위협"으로 표현을 바꿨다. 천안함 사건 이후 이명박 정부는 북을 "적"으로 규정했고, 문재인 정부는 수위를 낮춰 북한이라는 이름 없이 적의 개념을 표현했다. 윤석열 정부의 2022년 국방백서는 "북한 정권과 북한군은 우리의 적"이라고 추가한 수준에 머물러 있다. 북한에서 주적이라는 용어가 등장한 것은 2022년 6월에 조선중앙통신 논평에서 문재인 정부를 주적으로 간주한 때이다. 2022년 10월에는 미국과 남조선을 주적 대상에서 다시 배제한다고 하였다. 윤 정부가 들어선 후, 김여정이 "우리의 불법적 주적"이라고 다시 규정하였고, 이번에 김정은이 직접 가세한 것이다. 여기서 알 수 있는 것은 주적 개념은 북한보다 남한에서 더 오랫동안 더 많이 사용하던 개념이라는 것이다.

평화통일만이 해답이다

남북은 서로 전쟁을 한 관계이다. 그래서 깊은 상처를 가지고 있다. 분단의 아픔이다. 도리어 그렇기 때문에 전쟁은 다시는 일어나지 않아야 한다. 적대 관계가 고조될 때마다 입에 전쟁을 오르내리는 무법한 자들이 있는데, 이는 민족의 대의는 거부하고 자신의 이익만을 추구하는 자들임을 직시해야 한다. 언제나 답은 평화통일이다. 전쟁은 철저히 대비해야 한다. 하지만 전쟁을 해서라도 지켜지는 평화와 통일은 없다. 공멸의 길이 될 뿐이다. 특히 남과 북이 한 형제인 우리 민족의 경우에는 더욱 그러하다. 이스라엘과 유다가 포로기 이후에라도 하나가 되는 것이 하나님의 뜻이었다. 어떤 상황이 발생하더라도 우리는 그것을 대결 국면의 확대가 아니라 평화와 통일 구도로 해석할 수 있어야 한다. 그럴 때 극적인 평화통일의 국면도 오게 될 것이다. **"인자야 너는 막대기 하나를 가져다가 그 위에 유다와 그 짝 이스라엘 자손이라 쓰고 또 다른 막대기 하나를 가지고 그 위에 에브라임의 막대기 곧 요셉과 그 짝 이스라엘 온 족속이라 쓰고 그 막대기들을 서로 합하여 하나가 되게 하라 네 손에서 둘이**

하나가 되리라."(에스겔 36장 17절)

오물 풍선

근래에는 북한에서 날려 보낸 오물 풍선이 남북 관계 긴장의 주요 요인이 되고 있다. 북한은 남한의 대북전단 살포에 대한 대응 조치를 행한 것이라고 하였다. 또한 북한의 계속된 미사일 실험과 도발은 남한뿐 아니라, 미국과 일본과 이웃 나라에도 지속적이고 직접적인 위협이 되고 있다. 오물 풍선에 관련된 가까운 원인은 작년 9월 헌법재판소가 남북관계발전법의 대북 전단 살포 금지 조항이 표현의 자유를 과잉 금지해 위헌이라는 판결을 내린 것이다. 이를 근거로 탈북 단체들은 5월부터 대북 전단 살포를 본격적으로 재개하였고, 정부는 이를 막지 않았다. 이에 북한은 강력하게 항의하였으며, 이에 대한 대응으로 오물 풍선을 날려 보낸다고 하였다.

북한은 5월 28일 처음으로 오물과 쓰레기가 담긴 대형 풍선을 남쪽으로 보냈다. 그 이후로 며칠이 멀다 하고 오물 풍선이 날아왔고, 새벽같이 날아든 재난문자로 인하여 국민들은 혼란에 빠졌다. 급기야 오물 풍선이 용산 대통령실 영역에까지 떨어지는 심각한 일이 벌어졌다. 이는 국방 경계 근무에 심각한 구멍이 뚫린 것이다. 하지만 누구 하나 책임을 지는 사람이 없다. 그 후 오물풍선은 충청권까지 날아들었으니, 거기에 오물이 아니라 화생방 무기가 탑재된다면 어떻게 되겠냐는 우려까지 낳고 있다. 이런 분위기에 편승해, 또다시 어떤 사람들은 북한에 대한 적대감을 숨기지 않고 있다. 이런 심각한 상황에도 불구하고, 정부는 대북 전단 살포를 막기는커녕, 이는 자유를 보장하는 일이라고 발표하였다. 도리어 이를 동조하고 부추기는 실정이니, 참으로 무책임한 모습이 아닐 수 없다. 결국 휴전선 접경 지역 주민들이 위험에 노출되는 상황에 이르렀다.

그래도 신뢰 구축이다

헌법재판소의 판결도 자유만을 옹호한다는 취지가 아니었다. 이것이 국민의 생명과 신체를 위해하거나 심각한 위험이 발생할 우려가 있을 시는 경찰관직무집행법으로 제재하도록 명시하고 있다. 아직도 우리는 남북이 적대관계를 가지고 대치하고 있는 휴전 상태에 있다. 하지만 우리는 분단과 전쟁 준비로 한반도의 역사를 계속 이어갈 수 없다. 우리의 목표는 평화통일이다. 지속적인 평화 모색과 신뢰 구축을 통해 분단과 전쟁의 문제를 해결하고, 평화와 통일의 한반도로 나가야 한다. 그런데 어떻게 대북 전단 살포와 오물 풍선의 대립으로 적대감을 더욱 심화시켜 나갈 수 있다는 말인가?

경기도는 휴전선 접경 마을 주민들의 생존권 보장 차원에서, 탈북단체들이 무인비행체를 허가받지 않고 띄웠다는 이유로 고발에 나섰다. 특히, 이번 국회 국방위원회 현안 질의에서 드러난 것은 휴전선 근처에서는 무인비행체를 날리는 자체가 허용되지 않으므로, 합동참모본부는 위법 사항을 즉각적으로 통제하고 경찰에 신고하도록 되어 있다는 사실이다. 그런데 합참은 말로는 알렸다고 하였으나, 기록으로 남아 있는 것이 하나도 없음이 밝혀졌다. 정부는 현재 대북 전단 살포가 국민의 생명에 위협을 가하는 상황임을 인식하고, 이를 제재할 수 있어야 한다. 물론 현재 남과 북이 대치 중에 있으므로 튼튼한 안보를 갖추는 일은 참으로 중요하다. 또한 북한을 떠나온 탈북자들의 입장에서는 북한을 공격하는 것이 탈북의 원인을 정당화하는 중요한 행동일 수 있다.

결국 남과 북이 적대감을 증폭시키는 것은 자연스런 감정일 수 있다. 그러나 계속 그런 감정을 키우면 반드시 국지전이 일어나고, 그 피해는 고스란히 국민들에게 돌아간다. 그리하여 전단지나 오물 풍선과 비교가 안 되는 피해와 감정 손상을 입을 수 있다. 즉 북한의 대응을 비난하고 계속 책임을 북한에 돌리는 것으로 역사를 이끌어 가서는 안 된다. 북한을 비난하면 북한도 남한을 비난한다. 평화통일을 이루기 위해서는 북한이 합당한 반응을 하도록 유도해야 하는 것이다. 적대감을 키우는 것으로는 결코 평화와 통일을 이룰 수 없다. 다음으로는 실제적 통일 방안에 대해서 생각해 보자.

통일방안은 무엇인가?

그러면 진정한 평화통일을 이룰 수 있는 길은 어디에 있는가? 그동안 북한선교, 복음통일 및 평화통일 관련 학자들이 통일 방법을 고민하며 많은 방안을 내어놓았다. 방안을 세우는 것보다 더 중요한 것은 하나하나 실천하는 것이다. 또한 통일 방안으로도 이상주의적인 것이 아니라 실질적인 방안을 내놓아야 하고 또한 그것을 국민들이 공감하며 지속적으로 추진할 수 있어야 한다. 그리하여 우리는 반드시 평화통일을 이뤄내야 한다. 왜냐하면 남과 북이 나눠진 것이 이상할 정도로 우리는 한 민족이고, 한 공동체이기 때문이다. 우리는 2차 세계대전 종전 후 재편된 국제 질서의 피해자로서, 이 모든 것을 정상으로 되돌려 놓아야 한다. 남북통일을 위한 실제적 방안은 무엇일까?

남북의 신뢰 구축

먼저, 남과 북의 신뢰 구축이다. 더 이상 외세에 휘둘리지 말고, 남과 북은 서로의 만남을 통해서 다시 신뢰를 구축해 나가야 한다.

이를 위해서 가장 중요한 것은 대화와 화해 모드이다. 전쟁도 불사한다는 반민족적인 행태는 더 이상 허용해서는 안 된다. 전쟁은 남과 북이 아무도 이기지 못하는 제로섬 게임이다. 그런데 윤석열 정부에 들어서서 북에 대한 적대적 태도로 말미암아 대화의 창구가 모두 끊어진 것은 참으로 안타까운 일이다. 그러고도 통일을 원한다고 하는 것은 이율배반적이다. 평화통일 이전에 그 전단계로 신뢰가 구축되어야 한다.

이를 위해서는 대화의 창구가 언제나 열려 있어야 한다. 정부가 못 하면, 특사를 파견하든지 또 다른 도움을 받든지, 대화가 아니고서는 절대 신뢰를 구축할 수 없다. 한때 6자 회담을 통해 남북의 관계를 개선하려는 노력이 있었는데, 그것은 통일 운동에 대한 시늉일 뿐이었다. 남과 북이 직접 신뢰를 쌓아야 한다. 문재인 정부 때, 남북의 신뢰를 통해서 남북 대화가 이뤄졌고, 이를 발판으로 우리 정부는 북한과 미국의 다리를 놓아주었다. 그 결과 북미 회담이 성사되었다. 물론 나중에 트럼프가 탑다운 방식만 고집하다가 세부적인 내용을 하나도 만들어 내지 못한 아픔이 있다. 그때 신뢰 구축이 지속적으로 이뤄졌다면, 종전협정까지 갈 수 있었던 상황이었다. 나아가 평화협정이 체결되고 낮은 단계의 연방제로 이어졌다면 얼마나 좋았을까?

열강의 도움

둘째, 열강들이 평화통일을 돕도록 이끌어야 한다. 독일의 통일 과정에서도 미국의 레이건과 소련의 고르바초프가 독일 통일을 허용해야 한다는 데 인식을 같이하자 그 영향력이 엄청났다. 서독과 동독의 신뢰가 쌓여간 것도 있었지만, 결국 국제 사회가 일조한 것이다. 그런데 윤석열 정부는 러시아와 가지고 있던 좋은 관계마저 깨뜨리며 도리어 갈등을 일으키고 있고, 이를 미국과의 관계 개선에 더 이용하고 있는 실정이다. 지난 6월 러시아 푸틴 대통령의 방북과 북러간 조약 체결은 한반도의 불안감을 더욱 고조시키고 있다. 러시아는 우크라이나 전쟁으로 인한 국제 사회의 제재에서 벗어나야 하고, 북한은 핵 미사일 개발 완성과 침체된 경제의 돌파구를 위해 서로 우군이 필요했던 것이다.

그런데 심각한 것은 북러가 "포괄적 전략 동반자 관계" 조약을 맺으면서 이전의 "즉각 접촉"을 "군사 접촉"으로 구체화한 것이다. 북러의 밀착은 전적으로 한러 간의 적대 관계의 반작용이며, 특히 한미일 동맹 강화에 따른 자구책이다. 지금의 현실이 안타까운 이유는 한미동맹을 외칠수록 북러 관계가 더욱 견고해지는 국제적 제로섬적 대결 구도가 되었다는 것이다. 미국과 러시아의 대결 구도는 현재의 대한민국뿐 아니라, 한반도 통일에 있어서 심각한 방해요소로 작용한다. 따라서 우리는 미국과의 동맹을 강화하되, 이것을 통해 러시아와 관계 개선, 특히 미국과 러시아의 관계 개선이 이뤄지도록 이끌어야 한다. 그리하여 이웃 나라의 도움을 활용해야 한다. 미국과 러시아의 관계 개선과 이를 통한 한반도 통일에 대한 우호적 입장 표명을 반드시 만들어 내야 한다.

문화와 교육과 교회의 역할

셋째, 문화와 교육과 교회의 역할이다. 독일 통일에서도 문화교류가 큰 역할을 했다. 특히 바흐의 음악은 공산 치하에서도 연주되었고, 서로에게 공감의 요소로 작용하였다. 우리에게도 유구한 역사와 문화가 있고, 현대 문화와 음악에서도 남과 북의 교류의 물꼬는 트여야 한다. 스포츠를 통한 지속적 교류는 실제적이고 현실적 대안이 된다. 교육에 있어서도, 남과 북은 한민족으로서의 긍지를 공유할 수 있어야 한다. 이를 위해 평화통일을 향한 확고한 정신과 사명을 가진 지도자들이 일어나야 한다. 경제 교류도 마찬가지다. 북한이 지금보다 더 못살게 되면, 이제 손해 볼 것이 없다는 생각으로 오판할 수 있어서, 전쟁의 위험은 더욱 커지게 된다. 북한이 잘살도록 도와줘야 통일비용도, 통일 이후의 사회문제도 줄일 수 있다.

무엇보다 독일 통일에 있어서 교회는 결정적 역할을 하였다. 독일 교회는 통일을 위해서 기도하기를 지속하였고, 그 기도의 내용은 열강들도 통일을 돕도록 기도하는 것이었고, 이웃 국가를 돕는 것에도 힘쓰기를 기도하였다. 북한은 실제적으로 종교를 인정하지 않는 특수한 사회이지만, 그럼에도 남과 북의 교회가 진영 논리와 세대 차이를 벗어나, 하나님을 바라며 평화통일을 위해, 남과 북이 한 민족으로 회복되는 날을 위해, 또한 북한선교를 위해, 한 마음으로 지속적으로 기도할 때, 하나님은 반드시 역사하실 것이다. 또한 기도를 통하여 평화와 통일을 위해 한국 교회가 하나 될 때, 복음적 평화통일을 위한 이보다 더 큰 자산은 없을 것이다. 이 땅에 화해와 평화가 임함으로 한반도에 통일 한국이 속히 이뤄지기를 기도한다.

11

오염수 처리에 대한 IAEA 보고서가 비과학적인 이유

11.
오염수 처리에 대한 IAEA 보고서가 비과학적인 이유

2011년 3월 11일, 동일본 대지진과 쓰나미로 인하여 후쿠시마 원자력발전소 폭발 사고가 발생했다. 그로부터 벌써 12년의 세월이 흘렀다. 하지만 일본 정부의 계속된 오염 제거 작업에도 불구하고, 녹아내린 핵연료의 강한 열기와 독성으로 인하여 사람은 물론 로봇조차 접근 불가한 상황이다. 이를 식히기 위해 냉각수를 공급하는데, 결국 냉각수는 방사능 물질들과 접촉하여 다양한 핵종들로 오염된 물이 된다. 이에 일본 정부는 다핵종제거설비(ALPS)를 개발해 방사능 물질을 제거하였다고 했지만, 오염을 완전히 제거한 것은 아니다. 삼중수소 등은 여전히 남아 있고, 이를 제거하기는 불가능하다. 삼중수소가 사람의 체내에 잔류할 경우 치명적인 해를 끼칠 수 있다. 그런데 일본은 처리된 오염수를 바닷물에 희석하여 방류하겠다고 발표하였다.

저장된 오염수를 해결하는 여러 가지 방법이 있음에도 일본은 비용이 가장 적게 드는 희석의 방법을 택한 것이다. 오염수를 호수에 저장하는 처리 방법을 사용하면, 계속적인 방사능 감소 효과를 기대할 수 있다. 특히 오염수를 콘크리트와 섞어 육지에 보관하는 고체화 방법을 사용하면 5년이면 오염수를 처리할 수 있다. 그런데 일본은 희석된 오염수를 30년 동안 바다에 방류하겠다고 하였다. 이는 해양 방류가 아니라 국제법에 위배된 해양 투기이다. 그렇게 잘 처리된 오염수라면, 자신들의 땅에서 농업용수나 산업용수로 사용할 수도 있을 것이다. 하지만 그렇게 하지 않는 것은 자신들도 오염수의 위험을 알고 있기 때문이다.

자연은 하나님의 것이다. 특히 그리스도인은 예수 안에서 구원받아 회복된 자로서 자연의 회복에도 영향을 미치는 청지기적 역할을 해야 하고, 또한 이를 위한 감시의 역할도 해야 한다. 그리고 자연은 공공의 것이다. 자기 나라에서 처리할 방법이 있음에도 불구하고 순전히 비용을 이유로 오염수를 바다에 방류하는 것은 인접한 태평양 국가들과 그 후에 피해를 당하는 러시아, 한국, 중국 등의 이웃 국가들의 공공의 이익을 침해하는 것이다. 일본 정부는 오염수 처리에 대하여 국제원자력기구(IAEA)에 검증을 맡겼는데, 우리는 IAEA 보고서가 과연 과학적인지를 살펴보아야 한다. IAEA 보고서가 비과학적인 이유들은 다음과 같다.

첫째, 시료 채취에 IAEA가 직접 참여하지 않았다. IAEA가 감독하되, 도쿄전력이 저장소에서 한 지점을 정해서 뜬 시료로 분석한 것이다. 그리고 IAEA는 ALPS의 성능에 대해서는 검사조차 하지 않았다. 둘째, 지난 5월까지도 IAEA가 3차 분석까지 하기로 했으나, 6월부터 1차 분석으로도 최종 보고할 수 있다는 의견이 나오더니, 결국은 1차 분석으로 최종 보고되었다. 3차 분석 이후에 최종 보고를 해야 함에도 서둘러 보고서를 낸 것은 과학적 접근이 아니다. 셋째, 현재 IAEA 사무총장인 그로시 이전에 일본의 유키야가 사무총장을 3연임했는데, 그때부터 오염수 처리를 준비한 것으로 보인다. 지금도 일본의 관계자들이 IAEA를 주도하고 있다. 넷째, IAEA의 역할은 안전성과 정당성 검증인데, 이번 보고서에서 본인들은 정당성에 대해서는 관여하지 않는다고 말하며 수증기 처리 방법 등에 대해서는 언급조차 하지 않았다. 방사능 물질에 대해 전체를 감독하고 감시해야 할 국제기구가 일본이 준 시료에 대한 검증만 맡는 것으로, 이는 정치적 행위이며 직무 유기다.

결국 IAEA는 일본 정부의 들러리를 선 꼴이 되어 버렸다. 지금이라도 일본 정부는 오염수의 해양 방류가 아니라, 고체화 방법이나 호수 보관 방법 등의 다른 방법을 강구해야 한다. 이는 오염수 방류를 반대하는 자국 어민들을 살리는 방법이기도 하다. 그동안 후쿠시마 발전소 폭발 사고로 육지가 오염되고 특히 인근 바다가 오염되어 어민들이 정상적인 어업 활동을 하지 못하고 있다. 그런데 오염수 방류로 향후 30년 동안 자국 어민들이 명백한 피해를 받음에도 이를 강행하는 일본 정부를 보고 나는 깜짝 놀랐다. 그리고 인접한 나라로서 오염수 처리를 감시하고, 자국 국민을 보호해야 할 한국 정부가 일본 정부의 오염수 방류 정책을 따르며 지지하는 것을 보고 다시 한번 놀랐다. 이 땅의 그리스도인들이라도, 우리 국민들을 위해서, 또한 일본 국민들을 위해, 바다와 자연과 자원 사용에 대한 신앙적 관점을 가지고, 오염수 처리에 대한 분명한 반대와 계속된 감시의 역할을 수행할 수 있어야 하겠다.

12

저출생, 어떻게 할 것인가?

12.
저출생, 어떻게 할 것인가?

출산은 인간에게 주신 하나님의 사명이고 또한 축복이다. 한 나라의 인구는 정치, 경제, 사회, 문화, 안보, 교육에 지대한 영향을 미친다. 특히 인구 감소는 교회에 치명적인 영향을 가져온다. 그런데 지금 대한민국의 저출생 현상은 참으로 심각하다. 지난 3월에 2023년 출산 통계가 발표되었다. 출생한 아이는 23만 명이며, 출산율은 0.74명이었다.

OECD 국가 중에서 드디어 뉴질랜드를 제치고 출산율 최하위가 되었다. 대한민국 출산율이 전 세계에서 꼴찌라는 뜻이다. OECD 평균 출산율은 1.6명이다. 잘 사는 나라라고 해서 출산율이 1명 이하가 되는 것이 아니라는 것이다. 우리나라는 뭐든지 했다 하면 1등인데, 잘하는 것만 1등 해야지, 못하는 것도 1등이다. 2018년 출산율 1명이 깨진 후 우리나라는 초저출생 국가에 들어섰다. 이러다가 인구가 줄어들 뿐 아니라, 나라 자체가 소멸하는 것은 아닌지 위기감이 감돈다. 벌써 2023년 4분기에 0.6명대의 출산율이 나왔고, 2024년 1분기에도 0.6명대를 기록할 것으로 보여, 이러다가 올해 출산율이 0.6명대에 이를 수 있다는 예측까지 나오고 있다.

저출생의 위기

어쩌다 이렇게 된 것일까? 가장 큰 원인은 양극화 현상이다. 즉 이 나라가 너무나 심각한 경쟁 사회에 들어가 있다는 것이다. 심각한 경쟁 사회로 인하여 젊은이들이 아이 낳기를 두려워한다. 그리하여 딩크족이 늘어나고 있다. "DINK"는 "Double income, No kids"의 약자로 의도적으로 아이를 낳지 않는 맞벌이 부부를 말한다. 노년을 더 편안하게 보내겠다는 것이다. 그런데 우리는 이것이 하나님의 섭리에 어긋나는 것임을 알아야 한다.

물론 그들만의 문제는 아니다. 정부는 해마다 천문학적인 예산을 들여 저출생 대책을 실행하고 있지만, 출산율이 늘기는커녕 더 줄고 있는 현실이다. 근본적인 대책이 되지 못하다는 것이다. 사실 저출산 극복 대책은 단순하다. 우리 사회가 경쟁 사회로 가는 것을 막아야 한다. 그럼에도 주 52시간 근무제마저 없애려고 하는 정부의 태도는 말이 되지 않는다. 이는 물질주의에 물든 교육의 결과이고, 교회조차도 이것을 부추긴 잘못을 회개해야 한다. 이제는 법적 차원에서 이 심각한 경쟁 사회를 막아야 한다. 물론 일을 해야 한다. 하지만 일과 가정이 공존하도록 지원해야 한다. 지금이야말로 복지 정책을 제대로 펼쳐야 할 긴급한 시기이다. 그런 의미에서 복지부 장관을 차라리 목사가 맡으면, 문제가 바로 해결될 것이라는 생각마저 든다. 성경적 가치관과 십계명 정신을 그대로 적용하지 않으면 안 되는 절박한 시점에 와 있음에 대한 안타까움에서 하는 말이다.

저출생에 대해 복지정책을 새롭게 하여 1명 미만의 출산율에서 1명 이상으로 회복된 예가 프랑스, 독일, 스웨덴 등에 있다. 아직은 희망이 있다는 것이다. 이 일에 누구보다 성도와 교회가 앞장서야 한다. 출산이 애국이다. 출산이 신앙이며 축복이다. 구체적인 대책으로는 출산과 보육 관련 예산을 대폭 늘려야 한다. 아이를 맡길 수 있는 보육시설은 국가가 책임져야 한다. 아이가 없으니 유치원도 문을 닫아서 이제 자연스럽게 그 길로 가고 있지만, 유치원 교육은 초등학교에 공립유치원을 두는 등 교육부가 책임져야 한다.

구약 성경에서는 결혼하면 1년간 군대에 가지 못하게 하였는데, 이는 아내를 즐겁게 할 뿐 아니라, 가정의 경제적 기반을 세우고, 특히 아이를 낳고 기르기 위한 대책이었다. 율법에는 사회 운영 원리가 담겨 있다. 아이를 낳으면 육아수당을 국가에서 책임지고 대폭적으로 지원해야 한다. 육아휴직의 경우, 법적으로 보장해 주어야 한다. 육아는 남자와 여자가 함께 하는 것으로, 선택에 의해서 남자 육아 휴직도 완전히 보장해야 한다. 그런데 우리나라 육아휴직 비율도 OECD 최하위다. 제도적 뒷받침이 없이 어떻게 저출생을 극복할 수 있다는 말인가? 바람은 있지만 대책은 없고, 욕심만 난무하다. 어떤 회사는 아이를 낳으면 출산지원금 1억 원을 주고, 세 명을 낳으면 집을 준다고 한다. 아주 고무적인 정책이다. 그런 회사는 육아휴직도 제대로 될 것이기 때문이다. 이제 출산지원금을 비롯한 출산 복지에 대한 획기적 대책을 정부가 추진해야 한다. 그리고 근본적으로 경쟁 사회를 막을 수 있어야 한다.

출산을 대하는 성도의 자세

출산과 육아에 교회와 성도가 먼저 앞장서야 한다. 그러면 출산에 대한 성도의 자세는 무엇인가? 출산의 성경적 이유는 무엇인가? 첫째, 성도의 사명이다. 하나님은 인간을 지으신 후에, 생육하고 번성하여 땅에 충만하도록 축복하셨다. 이것은 축복이면서 또한 사명이다. 아담 이후 인간이 하나님이 주신 생육과 번성의 사명에 순종하지 않았다면 이 땅은 어떻게 되었을까? 창조는 시작부터 실패로 막을 내리고 말았을 것이다. 그러나 아담 이후 인간은 하나님이 주신 사명에 충실하므로 생육하고 번성하였다. 아담의 불순종으로 인한 인간의 타락에도 불구하고 하나님은 생육과 번성의 사명을 다시 주셨고, 인간이 땅에 충만하도록 허락하셨다. 인간의 범죄가 만연함으로 홍수 심판이 임했음에도 불구하고, 하나님은 다시 한번 생육과 번성의 사명을 주셨다.

둘째, 하나님의 뜻이다. 생육과 번성이 창조의 원리라는 것이다. 따라서 출산은 하나님의 뜻이다. 물론 육아가 쉽지 않다. 그래도 아이를 낳아야 한다. 사람들은 아이가 태어나면, 제 밥그릇 가지고 나온다고 하는데, 그런 의미에서 하는 말이 아니다. 신자는 믿는 구석이 있지 않은가? 우리 자녀들에게 하나님이 함께하신다. 오늘날 많은 사람들이 경제적 이유로 아이를 낳지 않는다. 키울 여력이 없다는 것이다. 하지만 그것과 상관없이 신자에게는 하나님의 뜻이 우선이다.

출산과 번성의 축복

셋째, 하나님의 영광이다. 출산이 하나님의 뜻이라면, 이를 통해 우리는 하나님께 영광을 돌려야 한다. 오늘날은 사람들의 생각이 우선이다. 이기적인 마음으로 산다. 그러나 성도는 다르다. 성도는 사람의 생각대로 사는 것이 아니라, 하나님의 영광을 위해서 산다. 성도는 이기적인 마음으로 사는 자가 아니라, 하나님의 영광을 위해 사는 자이다. 그 어떤 것보다 하나님의 뜻과 영광이 우선이다. 아는 목사님이 이번에 둘째 손자를 보았다. 아들 내외가 첫 아이를 낳은 후, 둘째가 생기지 않았다. 둘째를 가지려고 노력해도 안 되니, 시험관 시술로 아기를 가지려고 했다. 무려 7년 동안 말이다. 그래도 안 되니 나중에는 며느리가 휴직을 하고 시험관 아기를 가졌고, 또 출산 후에는 육아휴직을 하고 아이를 키운다. 부모의 노력과 희생을 통해 둘째 아이가 태어났다.

넷째, 가정의 축복이다. 출생은 가정의 축복이고, 무엇보다도 그 자녀 자신에게 축복이다. 우리 집에 자녀가 셋인데, 막내인 셋째를 가지지 않았다면 어떻게 되었을까 하는 생각을 든다. 두 딸은 쌍둥이로 태어났는데, 셋째는 늘 자신을 막내딸로 불러달라고 한다. 우리 집 막내딸은 별명이 "타민"이다. "비타민!" 우리 가정의 비타민이고, 교회와 이 땅의 비타민이다. 출산은 하나님의 기쁨이다. 그리고 가정의 기쁨이다. 따라서 결혼이 축복이고, 또한 출산이 축복이다. 교회 청년들이 빨리 결혼하길 바라고, 결혼하면 빨리 아이를 낳길 바란다.

다섯째, 하나님 나라의 확장이다. 하나님 나라의 확장은 믿지 않는 자들에게 확장되는 지역 확장도 중요하지만, 또한 중요한 것은 세대 확장, 즉 다음 세대로의 확장이다. 그러므로 출산은 자연스럽고, 본질적인 교회의 확장이다. 생육하고 번성함이 없이는 땅의 충만도, 더 나아가 하나님 나라의 확장도 중단되고 만다. 오늘날 초저출산으로 인하여, 교회의 주일학교가 없어지고, 청소년들과 청년들이 줄어들고 있다. 결국에는 교회의 확장이 아니라, 교회의 정체, 더 나아가 교회의 쇠퇴로 이어지고 있다. 특히 출산은 가정에서의 하나님 나라 확장이다.

생육하고 번성함은 성도의 사명이고, 하나님의 뜻이고, 하나님의 영광이고, 또한 하나님 나라 확장이다. 무엇보다도 우리 가정에 주시는 하나님의 놀라운 축복이다. 출산과 번성의 축복이 성도의 가정마다, 이 땅의 가정마다 임하길 바란다.

미주

"복음에 합당하게 생활하라."

빌립보서 1:27

미주

1) 팀 켈러, 팀 켈러의 센터처치 (서울: 두란노, 2016), 61.

2) 안성용, 팀 켈러의 복음 이해와 교회의 사명 (서울 : CLC, 2022), 31-32.

3) Ibid, 69.

4) Ibid, 90.

5) 스캇 맥나이트, 예수 왕의 복음 (서울: 새물결플러스, 2014), 229.

6) 김홍전, 복음이란 무엇인가 (전주: 도서출판성약, 1988), 89-90.

7) 김세윤, 복음이란 무엇인가 (서울: 두란노, 2003), 133-134.

8) 구교형, 지금 한국에서 하나님 나라를 배우다 (논산: 대장간, 2024), 61.

9) C. S. 루이스, 순전한 기독교 (서울: 홍성사, 2021), 95.

10) 리처드 니버, 그리스도와 문화 (서울: IVP, 2007).

11) 신국원, 신국원의 문화 이야기 (서울: IVP, 2002), 125.

12) 황경철, 어서와, 공공신학은 처음이지? (서울: 세움북스, 2022), 138-141.

13) 이정석, 문화신학 (서울: 국제신학대학원대학교), 95.

14) 장상호, 학문과 교육 (상) (서울: 서울대학교출판문화원, 1997), 7.

15) Ibid, 8.

16) 브리안 월쉬, "기독 대학생과 학문", 기독 신앙과 전공 과목 (서울: IVP), 9-11.

17) 양승훈, 그리스도인으로 공부를 한다는 것은 (서울: CUP), 269.

18) 유영권, 신천지 묻고 답하다 (서울: 세움북스, 2020), 185.

19) 진용식, 이만희 실상 교리의 허구 (수원: 기독교포탈뉴스, 2019), 14.

20) 노휘성, 나는 이렇게 창조와 진화에 대한 답을 찾았다 (서울: 두란노, 2022),120.

21) Ibid, 154.

22) 손봉호, 쉽게 풀어쓴 세계관 특강 (서울: CPU, 2023).

23) 한윤봉, 만화 성경적 창조론 1 (수원: 합신대학원출판부, 2020), 251.

24) 이 글은 [한그루신문] 2023년 1월호에 실린 글이다. 이후의 글들은 신자가 가져야 할 성경적 세계관의 적용과 선지자적 역할의 예를 보여준다.

25) 이수봉, "최근 북한의 행태는 대남전략의 대전환인가 소전환인가?" 기독신문, 2024. 2. 6, https://www.kidok.com/news/articleView.html?idxno=303904.